Collection Rolf Heyne

Casanova

Galan & Gourmet

Jean-Bernard Naudin Catherine Toesca Leda Vigliardi Paravia

Casanova
Galan & Gourmet

Mit 70 Rezepten

Buchgestaltung:
Lydia Fasoli

Wilhelm Heyne Verlag
München

INHALT

Der letzte Karnevalstag,
Gabriele Bella

Vorwort

Ich habe die Freuden der Tafel leidenschaftlich geliebt und ebenso inbrünstig alle Dinge, die es vermochten, meine Neugier zu wecken.«

Als Casanova seine »Geschichte meines Lebens« verfaßt, in der er seinen Lebensweg mit seinen Höhen und Tiefen besschreibt, ist es zweifellos der kulinarische Bereich, in dem sich seine wahre Natur am freiesten entfaltet. Epikuräer, Verführer oder Reisender, vor allem ist er ein Venezianer, dessen Appetit auf alle Arten von Gaumenfreuden von den Düften und Genüssen der Küche Venedigs, der Wiege seiner Kindheit, geprägt wurde.

Als Quelle unendlicher Gefühle und glücklicher Stunden steht das Essen für ihn an erster Stelle der Feinschmeckereien, die er denn auch mit einer außergewöhnlichen Opulenz an Worten, Gerichten und Situationen zelebriert. Deutlich zeigt sich die Vorliebe des Venezianers für die Köstlichkeiten seines Heimatlandes, seine instinktive Liebe zu den ersten Genüssen seiner Kindheit, die er den später entdeckten Leckereien klar vorzieht.

Casanova, Galan & Gourmet, offenbart die tiefe Treue des Abenteurers zu seinen mediterranen Wurzeln. Er nahm sich die Freiheit und gestattete sich die Verrücktheit, sich mit einer grenzenlosen Erfindungsgabe seinen unstillbaren Gelüsten hinzugeben. Die Freuden des Gaumens und der Geselligkeit blieben für ihn stets die wichtigsten Beigaben der Erotik, des Erfolges und der Macht.

Die Ursprünge des Schlemmers

Jacques Casanova de Seingalt,
Alessandro Longhi, 1774

Linke Seite
Die Glücksgöttin des Seezollamts

Meine Mutter brachte mich an Ostern, dem 2. April des Jahres 1725, in Venedig zur Welt. Am Abend zuvor hatte sie einen Heißhunger auf Krebse verspürt. Auch mir munden sie sehr.« So beginnt Casanova genüßlich seine Lebensgeschichte und bekennt sich damit gleich zu seiner Hauptleidenschaft, der Schlemmerei.

Anfangs beschränkt sich Venedig für den kleinen Giacomo-Girolamo auf die Pfarrgemeinde San Samuele. Seine Eltern, die schöne Zanetta und ihr Mann Gaetano, sind Schauspieler und verbringen einen Großteil des Jahres auf Tournee. Seine Großmutter mütterlicherseits, Marzia Farussi, an der der kleine Junge sehr hängt, zieht ihre vier Enkelkinder in einem großen dreistöckigen Haus unmittelbar hinter dem Theater auf. Wiegt sie die Kleinen mit esoterischen Geschichten aus grauer Vorzeit in den Schlaf, mit Erzählungen, die venezianische Kaufleute aus China oder Armenien mitbrachten, mit Heldengeschichten aus deutschen Ritterromanen, mit Märchen voller Aberglauben arabischer Alchimisten oder ägyptischer Sklaven, mit Geschichten aus dem Ghetto, von osmanischen Janitscharen, maurischen Spionen oder Kämpfen gegen Piraten, die in den venezianischen Legenden ihre Spuren hinterlassen haben?

Auf jeden Fall serviert ihnen Marzia die traditionellen Gerichte dieser tausendjährigen Zivilisation, die sich durch besondere Schmackhaftigkeit auszeichnen, da sie eine glückliche Mischung aus einheimischen Produkten und Ingredienzen aus aller Herren Länder darstellen. Denn seit jeher mißt man in den Mittelmeerländern den Tafelfreuden große Bedeutung bei. Diese zeichnen sich durch köstliche Gewürzmischungen aus, die von den Frauen dosiert werden. Am Rande der Lagune, die Venedig umschließt, kann dank Sonne und ruhigem Gewässer das kostbare Salz gewonnen werden. Auch die kleinsten Parzellen der *barene*, des bei Ebbe aus dem Lagunenwasser hervortretenden Landes, werden genutzt. Reis, der von den Arabern eingeführt wurde, aber im übrigen Europa praktisch unbekannt ist, wird schon seit Jahrhunderten im Po-Delta angebaut. Von den Ufern der Brenta

Oben
Der *Canal Grande*,
Michele Marieschi

Vorhergehende Doppelseite
»Dieses Viertel von Venedig ist, weil es nach Norden liegt, ebenso angenehm im Sommer wie unangenehm im Winter.«

bezieht man Gemüse und Melonen, die hier sehr begehrt sind, während die Bewohner des Nordens finden, daß sie zu sauer für den Magen seien. Der Mais, zwei Jahrhunderte zuvor aus Peru eingeführt, hat sich in Venetien gut akklimatisiert. Aus Maismehl entstand ein einheimisches Gericht namens *polenta.* In dieser sumpfigen Küstengegend kommt mit Ausnahme von Wild und den im Schilf erbeuteten Vögeln oder dem gewöhnlichen Hausschwein selten Fleisch auf den Tisch der Lagunenbewohner. Die Fischer bringen von den Lagunenbänken oder *valli* Muscheln ein, grüne Krabben oder *masanete,* Venusmuscheln und Heuschreckenkrebse, die in den Kanalwindungen gefangen wurden. Kraken, Tintenfische, einheimische Fische wie zum Beispiel *marsionigo, bisato, sievoli* oder *branzin* häufen sich heute wie damals auf den Ladentischen des Rialto. Aus dem Ghetto stammen die Rezepte zur Zubereitung von Gemüsepflanzen der Giudecca. Die weißen Bohnen werden als Salat angerichtet und die zarten violetten Artischocken vom Lido mit Minze gedünstet. Die Fischsuppe, der *baccalà* in allen möglichen Zubereitungsformen sowie tausenderlei Ragouts verströmen ihren Duft in den Gassen. Auf den *campi* laufen die Gassenjungen den Straßenhändlerinnen hinterher, die leckere Krapfen feilbieten – bignè mit grünen, narbigen Kürbissen aus Chioggia, die in Ausbackteig fritiert werden. Alle Schichten dieser republikanischen Gesellschaft dekken sich zwanglos bei den gleichen Quellen ein.

Die einheimischen Produkte werden mit Erzeugnissen aus den venezianischen Überseekolonien, mit Rosinen, Datteln, Zitrusfrüchten und mit Zucker aus Zypern und von der Insel Candia, dem heutigen Kreta, aromatisiert. Hinzu kommen die Gewürze, die unter der Sonne der Levante und Ägyptens gereift sind: Gewürznelken, Curry, Zimt, Safran, Ingwer oder Kümmel, mit denen Venedig regen Handel betreibt und Nordeuropa beliefert. Muskatnuß, Kardamom und verschiedene Pfeffersorten, die im Mittelalter den Luxus der unteren Volksschichten darstellten, sind ebenfalls sehr begehrt. Nach landläufiger Meinung besaßen sie Heilkräfte und wurden ähnlich wie heute der Zucker verwendet.

Venedig, das nach dem Untergang des Römischen Reiches bis ins 12. Jahrhundert im byzantinischen Einflußbereich stand, brüstete sich damit, Bewahrer der Riten der römischen Zivilisation zu sein. Die reisefreudigen Venezianer des Mittelalters fanden in den Städten des Maghreb und des östlichen Mittelmeers die alten Rezepte der Römer, die entsprechend dem einheimischen Geschmack und den inländischen Ressourcen zubereitet wurden. Gemeinsam mit den Genuesern, den Pisanern und den Katalanen brachten die Venetier im Laufe der Jahrhunderte diese alte lateinische Kultur nach Südeuropa zurück, während die im Mittelmeerraum gehaltenen Sklaven, die oft mit der Hausarbeit betraut wurden, durch ihre Zubereitung der Mahlzeiten den Speiseplan bereicherten. Das altüberlieferte sizilianische Couscous-Rezept und manche Süßwaren aus Honig haben sich bis heute erhalten. Wein und Weizen, Symbole der christlichen Religion, die sich in dieser Region entfaltete, gediehen in der Sonne; mit Olivenöl und den Früchten der Erde bildeten sie die Grundlage zahlreicher Gerichte. Bereits im 11. Jahrhundert gibt es Ravioli und Makkaroni, Erbe der üppigen Küche der südlichen Halbinsel, die im Laufe der Zeit jede Region nach eigenem Belieben zubereitete. Griechen, Türken oder Libanesen braten diese gefüllten Pasteten in Öl, während die Seeleute die Teigtaschen, die sie *rabiole* nennen, in Wasser garen. Der Legende zufolge hat jedoch erst Marco Polo nach seiner Rückkehr aus China die Spaghetti in Europa eingeführt, und die Ravioli wurden angeblich von den Kreuzfahrern im Orient entdeckt. Doch es existieren weitere unsterbliche Rezepte. Zum Beispiel die *bigoli*, die am venezianischen Karfreitag zubereitet werden. Angereichert mit Kräutern, Zwiebeln, Anchovis oder Sardinen und Öl, verraten sie deutlich ihre Gemeinsamkeit mit alten Gerichten aus Getreide und altüberlieferten Zutaten wie dem römischen *garum*, dem altenglischen *ketchup* mit Anchovis und Bier, dem byzantinischen *allec* oder dem heutigen asiatischen *nuoc-mâm*. Genau wie die Architektur der Basilika San Marco kann die venezianische Nahrung ihre orientalischen Ursprünge und Einflüsse nicht leugnen.

Die Würzmischungen, die Fülle der Düfte und Aromen, die der Junge von frühester Kindheit an einatmet, prägen sich für immer seinem Gedächtnis ein und dienen dem künftigen Reisenden als Bezugspunkt. Die Mannigfaltigkeit der venezianischen Küche prägt seinen kulinarischen Geschmack und seine Schlemmerei, die sein liebstes Abenteuer wird, und sein instinktsicheres Gedächtnis steigert seine Neugier, so viele Geruchserfahrungen und Geschmacksempfindungen wie möglich zu machen. Erstaunlicherweise führte die Zerstörung der Republik

»Die Meerbarben, die man dort bekommt und die in Venedig *barboni* und in der Toskana *triglie* heißen, sind einzigartig. Die Franzosen nennen sie *rougets*, offenbar weil sie rote Köpfe und Flossen haben.«

Venedig Ende des 18. Jahrhunderts zu einer Stagnation der Kochkunst, und somit hat sich uns ihr kulinarisches Erbe – ebenso wie ihre einmalige Architektur – bis heute nahezu intakt erhalten.

Zu jener Zeit ist Venedig auch einer der meistfrequentierten Häfen und eine der dreckigsten Städte Europas. Die letzten Pest- und Choleraepidemien sind noch in aller Gedächtnis. Die Kanäle erzeugen eine ungesunde Atmosphäre, die durch die Sumpflandschaft der Lagune verstärkt wird. Die Familie Casanova verliert den Vater. Der Älteste, Giacomo, ein schmächtiger Junge mit der Gestalt einer Karnevalsstelze, blutet ständig aus der Nase und siecht dahin. Um ihn zu heilen, sucht die Großmutter Marzia Zuflucht bei der Magie. Mit Erfolg. Die Mutter, Zanetta, wendet sich in der Sorge um ihren Sohn hilfeerheischend an den Senator und Dichter Giorgio Baffo sowie an Michele und Alvise Grimani, die Eigentümer des Theaters San Samuele, wo sie in Goldonis Truppe spielt. Diese bedeutenden Persönlichkeiten befassen sich mit dem Fall des jungen Casanova: Sie empfehlen ein Internat in Padua, der Stadt mit dem angeblich gesündesten Klima Venetiens, und begleiten ihn höchstpersönlich im *barchiello*, dem bequemen, vielbenutzten Boot, das die Brenta hinauffährt. Die Fürsorge dieser Herren für den Knaben geht auf einen Brauch in Venetien zurück, demzufolge jeder Bürger Patenkind eines begüterten Patriziers werden kann, den man *santolo* nennt. Der kränkliche kleine Giacomo verläßt also im Alter von acht Jahren seine Familie und seine Heimatstadt.

In Padua fühlt er sich unglücklich. Das Essen ist scheußlich. Seine erste Mahlzeit besteht aus einer dünnen Suppe, einem Stück Stockfisch und einem Apfel. Als einziges Getränk wird ein undefinierbares Wasser angeboten, das durch entkernte Weinbeeren eine eigenartige Färbung angenommen hat. Als zusätzliche Schikane beschlagnahmt seine Wirtin sein kostbares Silberbesteck und tauscht es gegen einen gewöhnlichen Holzlöffel aus. Das ganze Elend des kleinen Jungen scheint sich in seinem Zinnapf zu sammeln.

Um seinen Hunger zu stillen, klaut Giacomo Würste und Heringe *in saor*. Nachdem diese Diebereien aufgedeckt sind, wendet er sich anderen Geschäften zu: Da er ein guter Schüler ist, erledigt er die Hausaufgaben seiner Kameraden im Tausch gegen Lebensmittel, oder er erpreßt sie schlicht und einfach. Als Giacomo verpetzt wird, zeigt er keineswegs Schuldgefühle, sondern beklagt sich bei einem seiner Paten, der sich jedoch gleichgültig verhält. Mit noch nicht einmal zehn Jahren unternimmt er hier seinen ersten vergeblichen Versuch, sich an einen Beschützer zu wenden. Marzia eilt ihrem Lieblingsenkel zu Hilfe

und bringt ihn bei dem gelehrten, noch sehr jungen Geistlichen Gozzi unter, bei dem er genug zu essen bekommt. Hinter dem ausgehungerten Jungen verbirgt sich ein begabter Schüler. Antonio Gozzi ist ganz vernarrt in ihn. Über die Schule hinaus, wo man »eine Menge Nichtigkeiten lernt«, vermittelt er ihm sein ganzes Wissen. Giacomo lernt Latein, Griechisch, Logik, Physik, Theologie, Mathematik, Geigespielen sowie den gesamten Aristoteles, und er speichert alles in seinem Gehirn. Der prüde und fromme Antonio teilt sich den Haushalt mit seiner jüngeren Schwester Bettina, die ebenfalls ihren Beitrag leistet: Heimlich weiht sie den kleinen Venezianer in die Geheimnisse der Liebe ein und macht ihn zudem vertraut mit den Windungen des weiblichen Geistes.

Mit fünfzehn kehrt der junge Mann frohgemut in seine pulsierende, kosmopolitische Heimatstadt zurück. Nachdem er an der Universität Padua erfolgreich ein Studium der Rechte absolviert hat, meldet er sich im Seminar Salute an, um Physik und Alchimie zu studieren. Das ehemals kränkliche Kind mißt inzwischen stattliche 1,85 Meter; sein fester Blick, seine vollen, genießerischen Lippen und seine imposante Erscheinung verraten bereits eine ausgeprägte Sinnlichkeit. Trotz seines matten Teints, was damals als wenig reizvoll galt, ist er ein attraktiver junger Mann, wie man heute sagen würde. Und dies ist ein unschätzbarer Vorteil in Venedig, der berühmten Hauptstadt, der fröhlichsten unter den Anhängern des »grand tour«, die eleganteste, unbekümmertste, sinnenfreudigste Stadt, die damals eine ungeheure künstlerische Blütezeit erlebte. Die Serenissima, stolze Theaterstadt, Königreich der Lust, Wiege der Intrige und des Spiels, Heimat des Galans oder Cicisbeo und der Maske, die laut de Brosses durch »eine unvorstellbare Musikleidenschaft« geprägt ist, funkelt in all ihrer Pracht. Die Hälfte des Jahres regiert hier der Karneval, an dem man das Haus nicht unmaskiert verlassen darf. Diese spielerische und sinnliche Atmosphäre, in der Giacomo aufwächst, prägt auch seinen Alltag, begünstigt Frivolität und Spiel. Die Laster, die in Städten mit vielen Müßiggängern zwangsläufig zu finden sind, werden anderswo jedoch stärker angeprangert und bekämpft, wie er später feststellen sollte.

Auch als junger Mann wird Giacomo stets von Hunger gequält. Mit sechzehn ist er sich selbst überlassen, da Marzia allzu früh stirbt und Zanetta mit ihren jüngeren Kindern in Dresden lebt. Er treibt sich herum, ernährt sich recht und schlecht. Alles, was ihm in die Hände fällt, ist ihm genehm: geräucherte Zunge, Schinken, Mortadella, Salami, Käse, alles verschlingt er an der Theke einer Schenke mit einem Glas zypriotischen Weins. »Jedes Lebewesen muß sich ernähren, und damit dies keine Plackerei ist, gibt es die

Rechte Seite, oben
»Bei Tagesanbruch bin ich zur Erberia gegangen, weil ich wieder zur Ruhe kommen wollte. Der Ort, den man Erberia nennt, befindet sich am Ufer des Canal Grande, der die Stadt durchzieht, und er trägt diesen Namen, weil sich dort ein Markt für Gewürze, Obst und Blumen befindet …«

Rechte Seite, unten
Basrelief mit dem Sinnbild des Evangelisten Markus

Empfindung, die man Appetit nennt und mit Freude befriedigt«, erklärt er. Als kleinen Imbiß zwischendurch knabbert er ein paar *frito'le* oder gebratene Fische, und wenn ihn der Heißhunger überkommt, stürzt er sich auf Weizenbrötchen, die man für ein paar *bagatini*, die kleinste einheimische Münze, kaufen kann. Diese *panini* entsprechen in ihrer Form ihrem Namen: Da gibt es den *bufeto* der Mönche, die *ciopa*, den *paneto* der Dogen, die *roseta* der jungen Mädchen und die *potta*, die die weiblichen Geschlechtsorgane darstellen, und schließlich die *pandoli*, die den erigierten Penis symbolisieren. Giacomo trinkt dazu ein Glas Weißwein, eine kleine *ombra*, denn in Venetien liebt man den Weißwein, während man in der Toskana auf den Rotwein schwört. Der Genießer variiert das Sprichwort: »Brot aus Padua, Wein aus Vicenza, Kutteln aus Treviso und Frauen aus Venedig.« Der Genuß ist am besten vor Ort auszukosten. Dabei werden Auge, Geschmacks- und Tastsinn gefordert, denn Giacomo schätzt bereits die Kochkunst so hoch wie die Frauen, deren Wohlgeruch er liebt.

Um seine materiellen Bedürfnisse zu befriedigen, erhält er die niederen Weihen, die ihm das Priesteramt eröffnen. Eine klassische Wahl, die geeignet ist, die Ambitionen eines begabten, aber armen Studenten zu fördern, besonders in einer Stadt wie Venedig, die sehr stolz auf ihre gelehrten Priester ist. Sein neuer Status öffnet ihm Türen, zum Beispiel die eines reichen Verwandten, des Senators Alvise Malipiero. Dieser sendet den jungen Geistlichen, gelockt und gepudert, mit unterschiedlichen Aufträgen in vornehme Häuser, wo Giacomo mit seinem Temperament willkommen ist. Der Senator hat in seinem Palazzo in San Samuele einen großartigen Koch engagiert, dessen Bemühungen das einzige Vergnügen des siebzigjährigen, gichtgeplagten Feinschmeckers ausmachen. Ohne Zähne fällt ihm das Kauen schwer, und er ißt sehr langsam. Da er dieses Schauspiel niemandem zumuten möchte, speist er für sich allein und langweilt sich. Der junge Schlaukopf schlägt dem Senator vor, er solle einen Gast einladen, der für zwei esse und somit nicht warten müsse, bis sein Gastgeber sein Mahl beendet habe. Alvise läßt sich überreden und ein weiteres Gedeck für den jungen Casanova auflegen, der das ganze Jahr über sein Tischgenosse und Günstling sein wird.

Kutteln nach Art von Treviso, gebratener Spargel, *torta*, Aal mit *polenta* munden in einem prachtvoll geschmückten Speisesaal und auf echtem Porzellan dargereicht ganz anders. Die feine Gesellschaft Norditaliens, die von jeher stark vom Orient beeinflußt ist, kennt seit dem 12. Jahrhundert die Gabel. Elegante Umgangsformen im Alltag, das Verlangen nach Schönem und Dekorativem in den Gebrauchsgegenständen, werden parallel zur künstlerischen Entfaltung der Renaissance zu einer zügellosen und verderblichen Leidenschaft. Die römisch-katholische Kirche macht sich diese Entwicklung klug zunutze, und die regsame Republik versteht es, die Zeichen der Zeit rasch kommerziell umzusetzen: moirierte Seidengewebe und Spitzen aus Burano zieren die Meßgewänder der Bistümer, Meßkännchen aus Murano und ziselierte Goldschmiedearbeiten der Serenissima schmücken die Altäre Europas, und die Maler lassen sich aus den

»... jene, die sich zu so früher Stunde an diesem Ort einfinden, behaupten, das unschuldige Vergnügen des Schauspiels genießen zu wollen, das sich ihnen bietet, wenn zwei- oder dreihundert Boote der Bewohner der kleinen umliegenden Inseln, beladen mit Kräutern, Früchten und Blumen der Saison, angefahren kommen. (...) Es versammeln sich dort Männer und Halbweltdamen, die sich die ganze Nacht in Casinos, Gasthäusern oder Gärten den Tafelfreuden oder der Spielleidenschaft hingegeben haben.«

VORHERGEHENDE DOPPELSEITE
»Da mich das Kompliment tief berührt hat, bin ich in den Garten gegangen, um dort zu weinen, wo mich niemand sehen konnte. Wer ist nur Henriette? Was ist das für ein Schatz, in dessen Besitz ich gekommen bin?«

Meßbüchern ihrer frommen Mäzene inspirieren. Im 18. Jahrhundert erreichen in Venedig die Zartheit der Dekors und die Feinheit der Manieren ihren Höhepunkt. Zehn Jahre zuvor hatte der venezianische Glasbläser Briati vergeblich versucht, das nach böhmischer Art gearbeitete Kristall in Venedig einzuführen, das dann in Nordeuropa Verbreitung findet, da es sich besser gravieren und schneiden läßt und weniger kostspielig ist. Aber Casanovas Landsleute ziehen das zarte Kristall von Barovier trotz seiner großen Brüchigkeit vor; der Wein, der ebenso wie die Lebensmittel auf dem Wasserweg von den Landgütern der *terra ferma* nach Venedig gelangt, wird daraus mit Hochgenuß getrunken.

Neben dem Vergnügen, das gutes Essen bereitet, entdeckt der junge Mann auch die Tischmanieren, die ihm Gozzi nicht hatte beibringen können. Giacomo genießt die lockere Konversation über die Wahlintrigen, die *brogli* und die Skandalgeschichten, die in der Stadt kursieren. Als er wegen eines sechzehnjährigen Backfisches mit seinem Gastgeber in einen amourösen Interessenkonflikt gerät – eine fatale Provokation seitens des kleinen Venezianers –, bedeutet dies vorerst das Ende seiner kultivierten Einführung in die Tischsitten und Gaumenfreuden.

Zanetta gelingt es, ihren ungestümen Ältesten als Sekretär bei Bernardo de Bernardis in dessen Bistum in Kalabrien unterzubringen. Zu Fuß durchwandert Giacomo die Halbinsel bis nach Rom. In seiner Begleitung befindet sich ein geächteter Mönch, der die Aufhebung seines Banns erwirken möchte. Fra Steffano, verschlagen, tölpelhaft und des Lesens und Schreibens unkundig, bringt ihm jedoch bei, wie man am günstigsten reist. Zwei Monate lang erfinden die beiden Weggefährten, beide ausgemachte Schlemmer, unzählige Tricks, um an Nahrung und Unterkunft zu gelangen, wobei sie alle Möglichkeiten ihres klerikalen Standes ausnutzen. Sie segnen und nehmen die Beichte ab, wenn gute Mahlzeiten in Aussicht stehen. Finden sie unterwegs einmal keinen Mittagstisch, muß der große Mantel herhalten: »Sein Mantel trug die Last eines Maultiers. Er hatte zwölf prall gefüllte Taschen. Allein die große hintere Tasche, die er *batticulo* nannte, enthielt das Doppelte von dem, was die anderen fassen konnten: Brot, Wein, gekochtes, frisches und gepökeltes Fleisch, Hühner, Eier, Käse, Schinken und Würste.« Giacomo, hungrig durch das Leben im Freien, mangelt es an nichts Wesentlichem, aber er vermißt das, was sein Glück ausmacht – den Luxus. Er ist jetzt achtzehn und schwört sich, daß er nie wieder wie ein gewöhnlicher Bauernlümmel herumreisen wird.

In Rom trifft Giacomo seinen neuen Gönner, der ihn umgehend in seine kalabrische Pfarrei bringt. Dort angelangt, ist der junge Priester am Boden zerstört: Es gibt keine elegante Gesellschaft, keine frommen Verehrerinnen, keine Bälle, kein Theater und keine Bibliothek. Damit nicht genug: Auch das Essen ist erbärmlich, und das in einer Zeit, in der so viele begnadete Köche darum wetteifern, einen schönen Teller mit köstlichen Speisen zu füllen, an deren Zuträglichkeit kein Zweifel besteht. Doch wie soll man angemessen die hohen Festtage begehen, die

Oben
Halle eines venezianischen Palazzo

Rechte Seite
»Liebe, ich danke dir.«

gesellschaftlichen Bande enger knüpfen und sich über den Verlust eines Verstorbenen trösten, wenn nicht durch üppige Schlemmereien? Das Fasten, das in manchen Königreichen auf die Spitze getrieben wird, wird auch auf der Halbinsel streng befolgt, und »das Festhalten daran, zu dem Seine Eminenz gezwungen war, ließ ihn abmagern«. Denn Bischof Bernardis begnügt sich nicht mit den hundertfünfzig von der Kirche vorgeschriebenen Fastentagen, sondern fastet das ganze Jahr. Der gelehrte und sinnenfreudige Giacomo hält diese strengen Grundsätze für überholt, was sich jedoch als fatal erweisen soll. Denn es ist für das Vorankommen und die Freiheit eines kleinen Priesters gefährlich, die geistliche Autorität lächerlich zu machen, indem man versucht, sich den Regeln zu entziehen. Abgesehen von diesen religiösen Geboten verbindet sich für Giacomo mit Fisch die Vorstellung von einer Mahlzeit des Volkes. Aus diesem Grunde ist er sogleich fest entschlossen, das Lager zu wechseln.

Sechsunddreißig Stunden nach seiner Ankunft kehrt der Venezianer wieder nach Rom zurück, um in die Dienste des Kardinals Acquaviva von Aragon zu treten. Hier übt er sich in Ehrerbietung und Handküssen, und das Essen entspricht ganz seinem Geschmack. Seine Stellung erlaubt es ihm sogar, bei Papst Benedikt XIV., »einem gelehrten, liebenswürdigen Mann mit Esprit«, darum zu bitten, von der Fastenpflicht entbunden zu werden, unter dem fadenscheinigen Vorwand, daß er dadurch entzündete Augen bekäme. Indem der kleine Venezianer die göttlichen Vergünstigungen von Mann zu Mann aushandelt, testet er bereits, wie weit sein Einfluß reicht. Der Kirchenfürst, jovial und unkonventionell, lacht schallend, segnet ihn und entbindet ihn vom Fasten.

Aber das Leben als Kleriker ist ganz entschieden nicht dazu angetan, den Appetit des lebenslustigen Giacomo zu stillen. Im folgenden Monat muß er Rom verlassen. Seine Neigung für die Tochter seines Französischlehrers sei schuld daran, erklärt er. Der Überschwang der Jugend, seufzt Acquaviva, der nachsichtig ist und ihm weiterhilft. Er gibt ihm ein Empfehlungsschreiben, das ihm eine militärische Laufbahn ebnen soll. Als guter Venezianer stellt sich Giacomo mit der Erfahrung seiner neunzehn Jahre vor, wie er sich nach Konstantinopel einschifft, um bei der Hohen Pforte in den Dienst des Vaterlandes zu treten.

Auf seinem Rückweg nach Venedig macht der zukünftige Soldat in Ancona halt, auf päpstlichem Boden. Völlig ausgehungert bestellt er, gierig auf seine gewohnte tägliche Mahlzeit, ein üppiges Mahl mit Kalbsklößchen, *polpettine*. Und das in der Fastenzeit! Der Wirt weigert sich empört, ihm das zu servieren. Der Vielfraß beschimpft ihn, verärgert darüber, daß er nicht den Fastendispens vorlegen kann, den der Pontifex ihm nur mündlich erteilt hat: Er erträgt es nicht, daß man ihm Wünsche abschlägt oder es ihm gegenüber an Achtung fehlen läßt. Der Wirt droht ihm sogar, ihn bei der Polizei zu melden, als ein Kastilier, Don Sancio, sich einmischt, der den Vorfall beobachtet hat. Er beruhigt Giacomo und lädt ihn ein, sein köstliches Fastensouper mit ihm zu teilen, das aus den besten Fischen der Adria und weißen Trüffeln besteht.

So lernt Casanova an jenem Tag zufällig jene Knollenfrüchte kennen, die er sein Leben lang ihrer Würze und ihrer aphrodisierenden Eigenschaft wegen schätzen wird. Im 18. Jahrhundert zählt man ungefähr dreißig verschiedene Trüffelarten mit weicher, gelblicher Haut, die man in kalkhaltigem Boden findet. Im Herbst besitzen die Trüffeln ein so starkes Eigenaroma, daß man für ein Gericht nur sehr wenige benötigt, während Sommertrüffeln kaum Geschmack haben. Die französische Trüffel, die schwarze aus dem Périgord oder der Haute-Provence, die unter Eichen oder Haselnußsträuchern gefunden wird, hat ebenfalls ihre Anhänger. Doch im Lauf der Jahrhunderte erfuhr die Beliebtheit dieser Trüffel aufgrund ihrer Farbe, die ihr angeblich eine teuflische Eigenschaft verlieh, deutliche Einbrüche.

Der junge Rekrut macht sich auf in seine Garnison, die in Korfu überwintert, damals eine Kolonie der Serenissima. Man ernennt ihn zum Fähnrich und stellt ihm in Aussicht, vor Jahresende zum Leutnant befördert zu werden. Inzwischen wird ihm die Ehre zuteil, die Mahlzeiten mit dem Befehlshaber einer Galeere und dessen Gattin einzunehmen. Sie ist jung, hübsch und geistvoll und die erste Frau aus dem Hochadel, der der kleine Venezianer den Hof macht und deren Namen der Memoirenschreiber Casanova wohlweislich verschweigt, da es sich um eine Dame der Gesellschaft handelt. Nachdem die Schöne Giacomo eine Haarsträhne geschenkt hat, läßt dieser sich von einem Apotheker ein Aphrodisiakum herstellen, das sie willfährig machen soll. Giacomo verrät hier das Rezept: »Aus einer Haarsträhne stellte ich eine Art Pulver her, das der Jude vor meinen Augen mit Zucker und Essenzen wie Ambra, Engelwurz, Vanille, Alkermes und Storax vermischte. Ich ging nicht eher, als bis die Dragees, die er aus dieser Mischung formte, fertig waren. Ich ließ mir noch weitere solcher Dragees herstellen, mit den gleichen Substanzen, aber ohne Haare.« Und diese Pillen überreicht er der Auserwählten. Aber leider passiert dem jungen Mann ein schlimmes Mißgeschick. Am schön gedeckten Tisch des Kommandeurs entdeckt er, daß es einen internationalen Code der Tischmanieren gibt, der ausgefeilter ist als der des alten Malipiero. Giacomo bietet sich an, das Tranchieren des Geflügels zu übernehmen. Da er diese Kunst aber nicht beherrscht, zerteilt er das Huhn in sechzehn Stücke. »Madame F. konnte das Lachen nicht unterdrücken. Sie sah mich an und sagte, da ich die Kunst des Tranchierens nicht beherrsche, hätte ich mich nicht vordrängen sollen. Da ich nicht wußte, was ich darauf erwidern sollte, errötete ich, nahm Platz und fing an, sie zu hassen.« Als aber der Liebestrank wirkt, hört er auf, sie zu hassen.

Sechs Monate später bekommt der Bastard eines Patriziers den Leutnantposten. Diese Dinge erklären den Weg, den Casanova künftig einschlagen wird:

Wie soll er an die Meritokratie glauben, wenn der erstbeste hergelaufene Protegé ihm vorgezogen wird! Verärgert nimmt Giacomo seinen Abschied. Mit zwanzig Jahren kehrt er nach Venedig zurück. Mit seiner Abfindungssumme, hundert Zechinen, in der Tasche beschließt der junge Geck, der vage in der Kunst des Kartenspiels bewandert ist, Berufsglücksspieler zu werden. Ein kostspieliges Unterfangen, denn innerhalb von acht Tagen hat er sein ganzes Geld vertan. Dieser Zeitvertreib, der so alt wie die Welt ist, wurde anfangs von den Königen zur Unterhaltung der Gäste und von untätigen Höflingen gepflegt, wird jedoch im Lauf des Jahrhunderts zu einer verheerenden Leidenschaft, laut Fontenelle »eine Seuche«, die ganz Europa erfaßt.

Der Spieltisch, Treffpunkt der Abenteurer, wo das Lächeln des Schicksals und das Verhängnis zu Hause sind, wird zu Casanovas künftigem Lieblingsort. Der Venezianer, der sein Leben immer auf einen Wink des Schicksals setzt, spielt anfangs um des Spiels willen, um jene unwiderstehlichen Gefühle auszukosten, die sein Leben ausmachen. Nur halbherzig wehrt er sich gegen dessen Anziehungskraft, gesteht, daß er seine Gewinne für Freizeitvergnügen verwendet, da er diese nicht mit seinen üblichen Einnahmen finanzieren möchte. Der Abenteurer trickst wenig, da er seinen Ruf, sein einziges Geschäftskapital, nicht aufs Spiel setzen möchte. Sein Leben lang verachtet er die Kleinverdiener, »diese Griechen, die in meinem Jahrhundert zahlreicher sind als die Betrogenen, genauso wie es mehr Ärzte gibt als Kranke«. Aber er gesteht, daß er sich in schwierigen Zeiten mit hochtalentierten Berufsspielern verbündet hat, etwa mit dem Grafen Medini, mit Ange Goudar oder Tomatis, den »Korrektoren des Unglücks«, die in den besten Kreisen und an den europäischen Höfen geschätzt werden, wo jeder auf Teufel komm raus falsch spielt. Als Voltaire sich öffentlich über das Spiel der Königin von Frankreich empört, muß er dies mit überstürztem Exil büßen.

»Was für ein Leben führen Sie in Venedig?« »Theater, Gesellschaften, Casinos, wo ich mit dem Schicksal kämpfe, das es manchmal gut, manchmal schlecht mit mir meint.«

OBEN LINKS
Das Kartenspiel, Pietro Longhi

Ridotto, Francesco Guardi

»Nach dem Besuch der komischen Oper führte ich sie ins Casino, wo sie mit Erstaunen zum ersten Mal eine Pharaobank sah. Ich hatte nicht genug Geld, um selbst zu spielen, aber ausreichend, daß sie sich bei einem kleinen Spiel amüsieren konnte.«

Rechte Seite
»Deine Wohnung ist bereit, laß deine Sachen dorthin bringen, du wirst einen Diener und eine bezahlte Gondel haben, einen Mittagstisch und zehn Zechinen monatlich.«

In Venedig ist das Spiel der eigentliche Puls jenes Börsenplatzes, des »berühmten Foyers, das die einen bereicherte und die anderen ruinierte, aber Spieler aus allen Himmelsrichtungen anlockte und das Geld rollen ließ«, bemerkt Carlo Goldoni. Der »Molière der Italiener«, der sich mit großem Eifer bemühte, das Volkstheater wiederzubeleben, läßt es sich natürlich nicht nehmen, dieses Gesellschaftsphänomen anzuprangern.

Die Konzession der Spielsäle, der *ridotti*, liegt in den Händen der reichsten Familien. Zu den beliebtesten Spielen der Venezianer gehören *bassette, tressette, coteccio, cresiman, Triumph, Siebeneinhalb* und nicht zuletzt *panfil*. Um diese Spielleidenschaft moralisch aufzuwerten und jedermann davon profitieren zu lassen, übertrug die Republik die Funktion der Croupiers den mittellosen Nachkommen großer Familien, den *barnabotti*, so genannt, weil sie in billigen Wohnungen im Viertel San Barnaba lebten. Beachtenswert ist, daß diese Lohnempfänger der Handelsrepublik, deren Sozialpolitik fortgeschrittener war als anderswo, ihre Arbeit unmaskiert verrichteten, während die Spieler eine Maske zu tragen hatten.

Bei Tisch genießt Casanova in dieser Zeit Gerichte mit kräftigem Geschmack, wie zum Beispiel »von einem guten neapolitanischen Koch zubereitete Makkaroni, die *olla podrida*, recht klebrigen Neufundländer Kabeljau, Wild mit Hautgout sowie Käsesorten, deren vollendete Reife sich zeigt, wenn die kleinen Lebewesen, die in ihm wohnen, sichtbar zu werden beginnen«. Mit dem Parmesankäse, der von jeher in Venedig hochgeschätzt wird und über den Casanova schreibt, daß er aus Lodi stammt, wird besonders mit den Orientalen, die dafür schwärmen, ein reger Tauschhandel betrieben. Die Vorliebe für Käse, von dem es in Italien genauso viele Sorten wie in Frankreich gibt – harte oder weiche wie die *stracchini*, die die Daumenprobe bestehen müssen und deren Aroma feine Speisen ausstechen kann – ist bei Giacomo so ausgeprägt, daß er erwägt, ein Käselexikon zusammenzustellen.

Die Genüsse des Amphitryon

Begabt, ehrgeizig, aber stets in Geldnot, stark aufgrund seiner jüngsten Erfahrung als Lebemann und Reisender, spürt der junge Mann die Veränderungen, die den Kontinent erschüttern. Die kleine Republik führt erbitterte Kämpfe gegen den osmanischen Riesen, um ihre Mittelmeerinseln zu behalten. Zudem ist sie umzingelt von riesigen Mächten, die ihre Grenzen neu gestalten möchten. Der Rückgang des Handels, der Quelle ihres Reichtums, und politische Dekadenz untergraben ihre Vitalität. Die Häfen im Norden, wie Amsterdam oder Antwerpen, drängen Venedig immer mehr an den Rand. Der privilegierte Stand lebt künftig von seinen Einkünften auf dem Festland und überläßt die Arbeit und die Probleme des Alltags den *cittadini*, den Einwohnern ohne Privilegien. Giacomos Mutter, die Buranella im Theater, die in Sachsen eine beachtliche Schauspielkarriere macht, hat diesen Niedergang vorausgeahnt und lehrt ihren Sohn auf ihre Art, daß man auch anderswo Erfolg haben kann. Casanova, überzeugt, daß er zu Höherem bestimmt ist, ist zu allem außer zum Arbeiten bereit. Er widersteht den Verlockungen einer bürgerlichen Stellung und zieht Schleichwege vor – Frauen, Spiel und Intrige –, die entweder zu Ruhm oder ins Gefängnis führen.

Senator Michele Grimani aus dem Geschlecht der Santa Formosa, einer der Familien, die so mächtig und reich sind, daß sie einen Staat im Staate darstellen, unterstützt während der Abwesenheit von Zanetta weiterhin die beiden ältesten Casanova-Kinder. Den jüngeren, Francesco, hat er bereits als Malerlehrling bei Francesco Guardi untergebracht. Doch er weiß nicht, was er mit diesem störrischen Patenkind anstellen soll, das seine Stellungen so oft wie die Hemden wechselt. Kann Giacomo Geige spielen? Grimani nimmt ihn in sein Orchester auf. Er spielt im Theater San Samuele und auch anderswo. Der junge Mann, »der Handlanger einer edlen Kunst geworden ist«, wird in den vornehmen Häusern nicht mehr empfangen, doch er verdient einen Taler pro Tag, was ihm genügt, um

Das kleine Konzert, Pietro Longhi

»Ich war einer der Geigenspieler in einem der zahlreichen Orchester, die bei den Bällen, die man drei Tage hintereinander im Palazzo Soranzo gab, aufspielten.«

»Am Sonntag nach dem Abendessen nahm ich eine zweirudrige Gondel und fuhr um die Insel Murano, um mich zu vergewissern, an welchem Ufer die Villa lag und um die kleine Tür zu finden, durch die meine Freundin aus dem Kloster herauskam.«

Rechte Seite
Portici, Markusplatz

mit den Strolchen der Stadt ein ungeregeltes Leben zu führen. Er hofft auf bessere Zeiten, vertraut auf seine Jugend und seine unbezähmbare Vitalität, um sein Glück zu machen, das sich bereits am Horizont abzeichnet.

»Mit einundzwanzig Jahren adoptierte mich einer der ersten Herren von Venedig.« Als Casanova bei einer Hochzeit Geige spielt, fällt einem Patrizier beim Verlassen des Palazzo Soranzo ein Brief aus der Tasche. Der junge Musiker läuft dem Edelmann hinterher und übergibt ihm den Brief. Als Dank bietet dieser ihm an, ihn in seiner Gondel nach Hause zu bringen. Kaum haben sie den Häuserblock hinter sich gelassen, erleidet der Mann einen Schlaganfall und bricht zusammen. Giacomo bringt den Todkranken in dessen Haus nach Santa Marina und legt ihn mit Hilfe des *barcaiolo* auf das Bett. Obwohl ein Fremder, bestimmt er eigenmächtig, wie der Mann behandelt werden soll, und schmäht die Bemühungen des Arztes. Höchstpersönlich übernimmt er dann die Krankenwache und überzeugt alle davon, daß der Mann nicht sterben könne, solange er bei ihm wache. Und tatsächlich wird der Kranke wieder gesund und erfreut sich noch zwanzig Jahre lang seines Lebens. Es handelt sich dabei um Matteo Bragadin, den Senator und Bruder des Prokurators, der zur Spitze der »schwarzen«, tausendjährigen Aristokratie zählt, die im Goldenen Buch eingetragen ist. Er ist elegant und gelehrt und keineswegs mittellos. Als Junggeselle hat er keinen Erben, zum großen Vorteil von Giacomo, dem er verkündet: »Wer du auch seist, ich verdanke dir mein Leben. Wenn du mein Sohn sein willst, brauchst du mich nur als Vater anzuerkennen.«

Eine solch edle Geste eines Senators gegenüber einem Geigenspieler verwundert nicht sonderlich, da sie auf den venezianischen Brauch des *santolo* zurück-

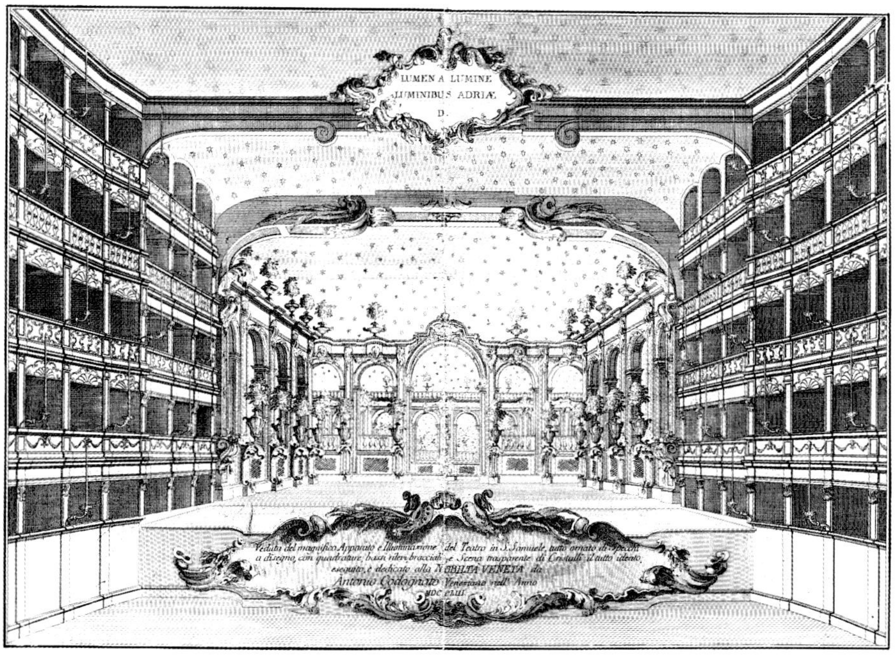

Das Theater der Grimani in San Samuele, in dem Zanetta mit der Truppe von Goldoni auftrat und wo Giacomo ein kurzes Gastspiel als Geiger gab.

geht. Bragadin erweist sich als großzügig: Giacomo bezieht eine Luxuswohnung im Castello, erhält eine Leibrente und eine eigene Gondel. Erstaunlicher ist jedoch der Einfluß, den Casanova in so kurzer Zeit auf seinen neuen Vater gewinnt. Zum natürlichen Charisma des jungen Mannes und seiner offensichtlichen Gelehrsamkeit kommt nun noch die Kabbala. Laut Giacomo ist sie eine Täuschung, eine persönliche Deutung von Zauberbüchern wie dem Schlüssel Salomos, dem Picatrix oder dem Zecorben und gibt Aufschluß über die intellektuellen Beschäftigungen des aufgeweckten jungen Mannes mit altüberliefertem, wenn auch verbotenem venezianischem Wissen. Dem im übrigen frommen Patrizier zufolge ist dies eine zu erforschende Wissenschaft, der er sich insgeheim widmet, obwohl einer seiner Vorfahren deswegen gehängt wurde. Die Kabbala, deren sich der junge Mann bedient, heißt Arithmomantie; sie basiert auf den Zahlen oder pythagoräischen Symbolen und erfordert, da sie mit Buchstaben und Ziffern jongliert, geistige Flexibilität, kurzum, die Geschicklichkeit eines guten Schach- oder Kartenspielers. Diese Pseudowissenschaft, die sich im 18. Jahrhundert in Europa in einer Atmosphäre der Scharlatanerie entfaltet, eröffnet dem kleinen Venezianer einen bequemeren und einträglicheren Weg als das Kartenspiel und verschafft ihm Zugang zu den europäischen Höfen sowie zu drei einflußreichen Gönnern.

Im Austausch für die hellseherischen Geheimnisse seines neuen Schützlings nimmt der großzügige Pate nun seine Erziehung in die Hand. Der kleine Geigenspieler, der bisher »ein interessanter Leichtfuß war, ein recht schönes Rassepferd, nicht oder schlecht dressiert, was noch schlimmer ist«, begreift schnell, wie wichtig diese Einführung in die guten Manieren ist. Den wahren Adel, bringt ihm sein *santolo* bei, erkennt man am großherzigen Entgegenkommen. Dies schließt stillschweigend gutes Benehmen ein, das man nicht nachahmen kann, wenn man es nicht wirklich besitzt, außerdem Vorurteilslosigkeit, Freiheit von materiellen Zwängen, Feingefühl und gediegene Verschwendungssucht. Um der Langeweile zu entgehen, die der Müßiggang nach sich zieht, bemüht man sich um literarische und wissenschaftliche Gelehrsamkeit, die, um sie verträglicher zu machen, mit gesellschaftlichen Talenten ausgeglichen wird. Da Casanova nun am Leben und an der lukullischen Tafel seines Gönners Bragadin und dessen Freunden teilnimmt, materiell abgesichert und in jenen Rang erhoben, auf den er insgeheim gewartet hatte, ist er fest entschlossen, niemals mehr unter diesem Niveau zu leben. Aber er macht sich die Unterrichtung nach seinem Belieben schmackhaft, denn seine haltlosen Jugendjahre, seine Unsicherheit und seine Eitelkeit haben ihn dazu gebracht, einer Situation schnell wieder überdrüssig zu werden. Von seinen Schauspielereltern hat er das Talent geerbt, seine Gefühle zu verstellen, den richtigen Ton zu finden und sich in Szene zu setzen. Kurzum: Er gestaltet seine neue Rolle, intensiviert seinen Blick als betörender Italiener und perfektioniert seine ererbten Talente. Das Komödiantenkind wird zum Salonschauspieler, der Schürzenjäger zum eleganten Verführer, der Vielfraß zum gewitzten Feinschmecker.

Geschickt manövrierend zwischen den patriarchalischen altüberlieferten Bräuchen Venedigs und den Verlockungen eines frivolen Jahrhunderts, nutzt der junge Mann mit großer Raffinesse die moralische und materielle Nachsicht Matteo Bragadins. Auch bei seinen künftigen Gönnern wird er sich allen möglichen Ausschweifungen hingeben, die die galante Epoche toleriert, während die nachfolgenden Generationen, die entweder mehr Skrupel haben oder heuchlerischer sind, ihm diese stärker vorwerfen werden als seine anderen Verfehlungen.

Im Augenblick jedenfalls hat Casanova nichts anderes im Sinn, als sich zu amüsieren und zu reisen. In Frankreich konzentrieren sich seine Begeisterung auf »die prachtvollen Straßen« und sein Appetit auf »die Qualität der Landgasthäuser, wo man so gut und so schnell bedient wird«. In Lyon wird der Venezianer, nachdem er ordnungsgemäß eingeführt wurde, mit der Freimaurerei bekannt. Der schottische Ritus wird offiziell praktiziert, seine Anhänger rekrutieren sich aus Mitgliedern der königlichen Familien und der oberen Gesellschaftsschichten Europas. Es ist nur allzu verständlich, daß diese geistige Vereinigung, diese Schule »neuer Ideen«, einen esoterisch bewanderten jungen Mann anzieht, der nach gesellschaftlichem Aufstieg strebt. Verkörpert sie doch zudem in den Augen Giacomos die Traditionen der Templer und der Ritter des Deutschen Ordens, die einst zusammen mit venezianischen Seeleuten durch das Mittelmeer zogen. Bereits nach einigen Wochen erlangt Casanova den höchsten Grad der Freimaurerei, den eines Meisters vom Stuhl. Er ist jetzt fünfundzwanzig, und das Leben ist schön.

Nach seiner Rückkehr nach Venedig wird Giacomo mit seinem weltmännischen Flair, seinem offensichtlichen Vermögen, seiner stattlichen Erscheinung und seinem Esprit von der Gesellschaft der Spieler, Weltmänner, begüterten Fremden und der goldenen Jugend angelockt. Er verbündet sich mit jenen flotten, großzügigen und unbekümmerten Burschen, die schöne Frauen bewundern, Gewalt hassen, aber Beleidigungen mutig und feierlich rächen und von den Venezianern *cortesani* genannt werden. Schließlich macht er sich auch ihre Maximen zu eigen. Ob es stürmt oder man unter Maske und Dreispitz erstickt, die Gecken eilen von einem *ridotto* zum anderen, diesen kleinen lokalen Clubs, die sowohl Spielsäle als auch wissenschaftliche Akademien und literarische Salons beherbergen. Das Leben in der Stadt pulsiert rund um die Uhr, und Nachtschwärmer finden immer ein Lokal, wo sie ihren Appetit stillen können: »In jeder der zweiundsiebzig Pfarreien Venedigs gibt

es eine große Weinstube, *magazzeno* genannt, in der man Wein ausschenkt, die die ganze Nacht geöffnet hat und in der die Getränke billiger sind als in den anderen Lokalen der Stadt, in denen man auch speisen kann. Man bekommt im *magazzeno* aber auch etwas zu essen, indem man sich Fleisch von der Metzgerei kommen läßt, die ebenfalls in jeder Pfarrei fast die ganze Nacht geöffnet hat.«

Der elegante Lebemann knüpft Beziehungen zu Frauen, die ungeniert kokettieren, mit vornehmen Damen von Welt, Schauspieldebütantinnen, die, ähnlich wie er, eine soziale Schranke überschritten haben. Eine Nonne des Klosters San Giacomo auf Murano, das Mädchen aus den vornehmsten Familien Venedigs aufnimmt, macht ihm Avancen. Und im Nu wird der kecke junge Mann ihr Liebhaber. Doch stellt diese

»Sie zeigte sich einverstanden und sicherte mir zu, die Kerze danach auszublasen.«

Rechte Seite
Das Fest vom 2. Februar in Santa Maria Formosa, G. Bella

Liaison durchaus keine Freveltat dar, denn die Klöster der Stadt, in der es neuntausend Kurtisanen gibt, beherbergen nicht nur Nonnen aus Berufung. Bei Besuchen drängen sich in den Sprechzimmern eifrige Schülerinnen, aber auch junge Mädchen, denen die Eltern keine Aussteuer geben mochten, Waisen oder Witwen. Die Klöster dienen auch als vorübergehendes Asyl für verheiratete Frauen, die auf die Scheidung warten, und für junge, schwer erziehbare oder ungewollt schwangere Mädchen. Diese Romanze Casanovas schockiert deshab mehr wegen der adeligen Herkunft der jungen Frau, die er nur unter den Initialen M. M. erwähnt, so daß ihre Identität bis heute ein Geheimnis ist.

Die hübsche junge Frau von hohem Stande, aber ohne Moral, ergreift die Initiative. Sie lädt ihren Verehrer in eine Junggesellenwohnung, ein *casin,* in der Nähe des Klosters ein. Alles ist dazu angetan, das Raffinement und die Sinnlichkeit dieses ersten Rendezvous zu verstärken: Die schlichte Fassade steht in Kontrast zu der luxuriösen Einrichtung, der Eleganz der Gastgeberin, den erlesenen Weinen, die den Unterschied zwischen einem einfachen Mahl und einer Beschwörung aller Sinnenfreuden ausmachen. »Das auf Porzellan aus Sèvres servierte Souper bestand aus acht Gängen: Sie wurden auf mit heißem Wasser gefüllten Silbergefäßen serviert, die die Speisen warm hielten. Es war ein köstliches, erlesenes Mahl. Spontan bemerkte ich, daß der Küchenchef bestimmt Franzose sei, was sie mir bestätigte. Wir tranken nur Burgunder und leerten eine Flasche Œil-de-perdrix und eine Flasche Champagner, um in Stimmung zu kommen. Sie machte den Salat an. Ihr Appetit stand meinem nicht nach. Sie klingelte lediglich nach dem Diener, damit er das Dessert auftrage und alles Notwendige für einen Punsch bringe. Ich bewunderte alles, was sie tat, ihr Wissen, ihre Gewandtheit und ihre anmutigen Gesten. Es war offensichtlich, daß sie einen Liebhaber hatte, der ihr das beigebracht hat.« Bei diesem Liebhaber handelt es sich um François-Joachim de Pierre, Abbé de Bernis, den französischen Gesandten in der Republik Venedig. Er liebt es, hübsche Verse zu schmieden, was ihm von Voltaire den Spitznamen »Belle Babet« einbringt. Vor allem aber ist

er einer der größten Feinschmecker des Jahrhunderts. Ned Rival berichtet, daß Seine Exzellenz Bäcker, Küchenhilfen, einen Bratenkoch sowie seinen Koch Durosier nach Venedig mitgebracht habe. Dieser servierte zu einem Souper ein Gericht, das er als Hommage an Ronsard »Franciade« getauft hatte und das so exquisit war, daß die bezaubernde M. M. unbedingt das Rezept haben wollte. Casanova beeilt sich, es zu erlernen, und beim nächsten Treffen bereitet er zu ihrer großen Überraschung das Gericht höchstpersönlich zu. Tatsächlich, das Leben ist schön!

Giacomo beschließt, die schwärmerische M. M. bei sich zu empfangen. Er mietet in San Moisè ein hübsches *casin*, ein Schmuckkästchen mit drei Zimmern. Die Wohnung ist ebenerdig und von einem kleinen Garten aus zugänglich, um das Inkognito jener zu wahren, die hier Zerstreuung suchen. Der größte Raum, ein achteckiges Zimmer, ist mit Spiegeln und geschnitzten Holztäfelungen geschmückt. Er engagiert den besten Koch der Insel. Um sicherzugehen, daß das Essen ein Erfolg wird, findet am Vorabend des Treffens eine Generalprobe statt. In der für ihre Sinnenfreuden berühmten Stadt eine überflüssige Vorsichtsmaßnahme? Er bestellt die Lebensmittel, die er für sein Tête-à-tête benötigt, sowie Champagner und Burgunderwein. Am Abend kostet er alles in Gesellschaft des Kochs, den er abwechselnd lobt und tadelt. »Das Souper wird aufgetragen, jedes Gericht auf zwei Tellern; ich gab zu allem meinen Kommentar; alles war hübsch arrangiert auf Meißner Porzellan: Wildbret, Stör, Trüffeln, Austern und erlesene Weine. Ich warf ihm lediglich vor, daß er versäumt habe, hartgekochte Eier, Sardellen und Essigsaucen für den Salat bereitzustellen. Ich sagte ihm auch, daß ich das nächste Mal bittere Orangen wünsche, damit der Punsch ein Aroma bekomme, und echten Rum und keinen Verschnitt wolle. Als ich morgens aufbrach, trug ich ihm auf, mir zum Dessert alle Früchte zu servieren, die er auftreiben könne, und vor allem Eis.« Zerknirscht über seine Versäumnisse oder wütend über die Ansprüche seines Kunden, wirft der Koch einen flehentlichen Blick gen Himmel und

»Sie steigen die Treppe hinauf, die sich vis-à-vis vom Straßeneingang befindet, oben auf der Treppe werden Sie im Licht einer Laterne eine grüne Tür sehen, die Sie öffnen, um in die Wohnung zu gelangen, die Sie erleuchtet vorfinden werden.«

Rechte Seite
»Sie aß für zwei und ich für vier, denn unser ausgezeichneter Appetit wurde noch durch die Köstlichkeit der Speisen angeregt.«

bezichtigt sich, große Fehler begangen zu haben. Aber er strengt sich so an, daß M. M. am nächsten Tag nichts zu bemängeln hat.

Dennoch besteht die Nonne darauf, daß ihr nächstes Treffen im ersten *casin*, dem von Murano, stattfinden solle. Die junge Frau erklärt Giacomo, daß diese Wohnung mit einem Spiegel ohne Belag ausgestattet sei, hinter dem Bernis, angetan von Casanovas erstem Auftreten, ihr Liebesspiel verfolgen könne. Der abenteuerlustige junge Mann sieht dies als eine Herausforderung an, auf die er sich durch achttägige Enthaltsamkeit und Fasten vorbereitet. Er berichtet seiner Geliebten, daß er tagsüber »nur eine Tasse Schokolade und sechs frische Eiweiß, als Salat zubereitet«, zu sich nehme, da diese Nahrungsmittel angeblich das sexuelle Verlangen fördern. Dann setzen sie sich zu Tisch. Sie ißt für zwei, er für vier. Sie bereiten den Punsch, und als Dessert essen sie im Schein karmesinroter Leuchter Austern, die sie abwechselnd einander aus dem Mund schlürfen. »Es gibt zwischen zwei Liebenden kaum ein wollüstigeres, sinnlicheres Spiel. Wie köstlich ist der Saft einer Auster, die ich im Mund meiner Angebeteten befeuchte!«

Casanova ist verrückt nach Austern, den rohen wie gebackenen, den echten, flachen wie den schönen schlüpfrigen der venezianischen Lagune, die es heute nicht mehr gibt. Giacomo sucht in ganz Europa nach ihnen, da sie das weibliche Geschlecht symbolisieren und, zu zweit geschlürft, die Sinne trüben: »Zufällig fiel eine schöne Auster, die ich ihr reichte, indem ich die Schale an ihre Lippen führte, auf ihren Busen; sie wollte danach greifen, doch ich habe sie mit Nachdruck für mich gefordert.« In der Folge schwärmt er für diese köstlichen Gaumenfreuden, die so natürlich wie möglich genossen werden sollten. Diese kulinarische Schwäche diskreditiert ihn keineswegs, da Feinschmecker seine Vorliebe für diesen luxuriösen und aphrodisierenden Leckerbissen teilen. Die Austernzucht wurde von den Römern überliefert, die in der Nähe von Neapel die ersten Becken dafür anlegten. Alle möglichen Heilwirkungen, von der Revitalisierung des Organismus bis zur Entwässerung, wurden den Austern zugeschrieben, die ebenso delikat wie teuer waren. Dieser Ruf hat sich bis heute gehalten, und die salzhaltigen Gewässer in Italien und an der Adria verleihen diesen Meeresfrüchten einen einmaligen Geschmack. Im 18. Jahrhundert entdeckt man, daß sich das Klima an den Küsten des Ärmelkanals und des Atlantiks, insbesondere in Cancale in der Bretagne, besonders gut für die Austernzucht eignet; die modernen Verfahren bei der Austernzucht, die es seit Anfang unseres Jahrhunderts gibt, haben sehr dazu beigetragen, sie zu verfeinern und die Preise zu senken.

In der Woche darauf trifft sich M. M. erneut mit ihren beiden Liebhabern zum Souper. Dieses Mal droht Giacomo jedoch Gefahr von der Polizei. Die Republik Venedig verfolgt damals auch die geringsten Ausschweifungen ihrer Bürger. Gerüchten nachzugehen, um die Einheit des Volkes zu erhalten, ist der Preis für den sozialen Frieden. Unsichtbar verbirgt sich die Staatsmacht hinter dem anonymen *confidente*, hinter Kaufleuten, Vertretern des Volks, des Adels und Kirchenmännern, die freiwillig oder unter Druck für einen geringen Lohn dem Staat zu Diensten sind. Übrigens kann jeder Denunziant werden, indem er in das »Löwenmaul« im Dogenpalast einen Zettel einwirft, auf dem das festgestellte Delikt aufgeführt ist und der von mindestens drei Zeugen unterschrieben wurde.

Mit der Sorglosigkeit seiner dreißig Jahre glaubt der schöne Giacomo, daß er über den Gesetzen stehe. Er fühlt sich stark durch den Schutz seines Gönners, des Senators, er ist ein verschwenderischer, arroganter Spieler, der Schulden und Provokationen anhäuft. Auf Befehl der Inquisitoren und nach längerem Warten in der Scala della Bussola wird dieser Müßiggänger mit der unvergleichlichen Selbstsicherheit unter Beobachtung gestellt. Sein Verhalten erregt Ärgernis, man sieht darin eine Bedrohung der Ordnung. Als Verbrechen werden ihm vorgeworfen: Verwirrung der Stände, Bekehrungseifer für die Freimaurerei sowie Libertinage, das heißt nach zeitgenössischer Auffassung Mißachtung der religiösen Dogmen. Ein Spitzel kommt ernstzunehmenden Vorfällen auf die Spur, die nicht der Zuständigkeit der weltlichen Behörden unterliegen. Er trägt dem Gericht vor, daß Casanova der Verfasser einer Satire gegen den Geistlichen Chiari sei, einen Theatermann und Rivalen von Goldoni. Diese Schmähschrift hat den Ruin des Theaters zur Folge, das von Chiari dominiert wird und dem allmächtigen Leiter der Inquisition, Antonio Condulmer, gehört. In der Handelsrepublik treibt man niemals seinen Spaß mit dem Geldbeutel.

Am 26. Juli 1755 nimmt Messer Grande Giacomo fest. Dieser ist trotz der vielen Warnungen, die ihm Matteo Bragadin hat zukommen lassen, höchst erstaunt. Immer wieder hatte der ihm eingeschärft, daß die Privilegien auch ihre Kehrseite hätten. Italianissimo Casanova! Im Grunde seines Herzens bleibt er der kleine Venezianer, der an die Weissagung und ans Glück glaubt, mit dem Papst feilscht und davon überzeugt ist, daß nichts je endgültig ist.

»›Sie müssen‹, sagte der Graf, ›zum Diner bei uns bleiben.‹ Der Marquis zeigte sich einverstanden, und wir genossen ein vorzügliches Mahl. Das Porzellan war erlesen, die Tischwäsche sehr fein und die Diener äußerst gewandt.«

Ohne Prozeß, ohne Vorladung vor Gericht, ohne die geringste Erklärung oder Befragung verurteilen ihn die Richter zu einer Gefängnisstrafe von unbestimmter Dauer. Er wird im Dachgeschoß des Dogenpalastes eingesperrt, wo er sich nur in gebückter Haltung bewegen kann, da die Decke sehr niedrig ist. Die Hitze, die durch die bleiernen Dachplatten – daher stammt auch der Name des Gefängnisses: Bleikammern *(piombi)* – gespeichert wird, ist im Juli unerträglich, und beim ersten Frost werden die Dachböden

Das Austernmahl,
Jean-François de Troy

Rechte Seite
»Ich habe die Aalleber köstlich gefunden, und die Krabben schmeckten delikater als die aus dem Atlantik; ich schlemmte wie Apicius.«

ohne Kamin zu einem Eiskeller. Die Flöhe plagen ihn. Es wimmelt von Ratten, groß wie Kaninchen. Aus den Reihen der Lebenden gestrichen, fällt der Überhebliche in sich zusammen. Nach ein paar Wochen erholt sich Giacomo jedoch wieder – dank seiner Vitalität. Mit Gewalt verläßt er einen Ort, an dem man ihn gewaltsam festhält.

Um seine Flucht zu bewerkstelligen, muß der Gefangene sich einen Trick einfallen lassen, da es ihm ja an allem fehlt. Das einzige, worüber er verfügt, ist eine überaus sorgfältige Bewachung. Seine erste Mahlzeit, ein Kanten Brot, ein *risotto* und gekochtes Fleisch, das er mit einem Löffel mit Elfenbeinstiel verzehren muß, da Metallbesteck streng verboten ist, zeigt ihm gleich von Anfang an, daß man trotz seiner edlen Adoption wenig Aufhebens um seine Person macht. Die tägliche Aushändigung der Mahlzeiten, die er wie jeder Gefangene bezahlen muß, stellt seinen einzigen menschlichen Kontakt dar, und der ungebildete Laurent, der einfältige Kerkermeister, der ihm gewissermaßen als Repressalie verdorbenes Essen bringt, ist seine einzige Gesellschaft. Noch nie hat sich die Phantasie des Gourmets so intensiv mit seinem Lieblingsgebiet, dem Essen, beschäftigt. Tag um Tag ist das Essen seine Komplizin. Giacomo, der den Radicchio über alles schätzt, verzichtet darauf, um das Öl aus Lucca, mit dem er angemacht ist, dazu zu verwenden, den Raum zu beleuchten. Mit großzügigen Trinkgeldern umschmeichelt er seinen gefügigen Wächter und beauftragt ihn, ihm anläßlich des Michaelifestes zwei große Teller Makkaroni zu besorgen. Er besteht darauf, daß es zwei sind, denn er möchte, wenn es die Vorschriften erlauben, seinem liebenswürdigen Nachbarn, einem Mönch, der ihm Bücher bringen darf, auch einen Teller anbieten. Doch zuvor wünscht er, sie auf seine Art schmackhaft zu machen. Die Makkaroni enthalten als Würze einen eisernen Türriegel, den er bei einem Zellenwechsel unbemerkt eingesteckt hatte. Damit wird sein weniger gut bewachter Zellengenosse, der Mönch Marin Balbi, in einer nebligen Allerheiligen-Nacht die Decke seiner Zelle durchbrechen. Fünfzehn Monate nach seiner Verhaftung gelingt Casanova und seinem Helfershelfer die Flucht aus den Bleikammern von Venedig.

Künftig wird er sein Schicksal selbst in die Hand nehmen: »Ich war immer der Überzeugung, daß ein Mann, der es sich in den Kopf setzt, einen Plan auszuführen, und der sich ausschließlich damit beschäftigt, trotz aller Schwierigkeiten letztlich Erfolg hat. Dieser Mann kann Großwesir oder Papst werden oder eine Monarchie stürzen, wenn er nur früh genug zu Werke geht.« Die Folge seines Ausbruchs ist, daß er nicht mehr in seiner Heimat leben kann. Casanova, der sich bereits einen extravaganten Ruf erworben hatte, wird durch die außergewöhnlichen Umstände seiner Flucht, über die von zeitgenössischen Gazetten und Klatschblättern berichtet wird, in ganz Europa berühmt, denn die willkürliche Verhaftung hat in jener

zu bringen. Gern läßt sich Giacomo bitten, sein Abenteuer mit seinem unbeschreiblichen Erzähltalent zum besten zu geben, gewürzt mit gestenreichen Ausschmückungen, die er bei Bragadin gelernt hat. »Er sollte stets sein bleigespicktes Venedig-Abenteuer parat haben«, bemerkt ein Pariser mit beißendem Humor.

Zwei Monate nach seiner Flucht, im Januar 1757, erreicht Casanova die französische Hauptstadt. Paris, und nicht mehr Versailles, bestimmt nun die Mode, die Sitten und die Manieren, die von ganz Europa nachgeahmt werden. Seit dem Jahrhundert davor, als Boileau oder Montaigne den Gestank von Paris mit dem Schmutz Venedigs verglichen, hat sich die Stadt kaum verändert. Mit siebentausend Laternen, deren Kerzen jeden Abend erneuert werden, ist Paris die bestbeleuchtete Stadt Europas, doch die Innenstadt besteht aus einem Gewirr von engen Gassen, die nicht alle gepflastert sind und von hohen Häusern mit Spitzdächern gesäumt werden. Der Lärm, der Abfall der Stadt und ihrer Menschen, die Pferdeäpfel, das Menschengetümmel und giftige Ausdünstungen verpesten die Luft. Inmitten dieses Chaos gibt es große, majestätische Plätze wie den Garten des Palais Royal,

Zeit nichts Ehrenrühriges. Giacomo verfügt nicht nur über eine stattliche maskuline Erscheinung und Beredsamkeit, sondern auch über Schlauheit und die Bereitschaft, falls erforderlich, körperlichen Einsatz

»Madame Querini, die verlor, hatte einen Sept-et-le-va von zehn Zechinen; es war die Entscheidung. Ich stand auf und schaute genau auf die Hände des Bankiers, aber ohne Erfolg; er spielte falsch, und Madame verlor ihre Karte. In diesem Augenblick kam der General, um seine Frau zum Souper abzuholen. Sie verließ den Saal und ließ den Rest ihres Goldes da. Beim Nachtisch kehrte sie zum Spieltisch zurück und verlor alles.«

Oben und rechte Seite
Venezianisches Spiel, ein Vorläufer der Tombola

Links
Ridotto, Pietro Longhi

wo der Venezianer am liebsten spazierengeht. Kleine Läden und Auslagen bieten tausenderlei Neuheiten, Flitterkram, Nippsachen, Tinnef und billiges Gepränge feil, das von allen Gesellschaftsschichten gleichermaßen begehrt wird. Dieser blendende Tand und das ungezügelte hedonistische Vergnügen gefallen Casanova, der, versehen mit einer kleinen Rente, die ihm Bragadin bewilligt, und der überschäumenden Lebenslust eines Dreißigjährigen, der die Hölle überlebt hat, trunken vor Glück ist.

Gern setzt sich der Venezianer auf die Terrasse eines Cafés und bestellt sich eine Schokolade. Jedes Land, jede Region empfiehlt für dieses erlesene Getränk ein spezifisches Aroma, Zimt, Milch, Pfeffer und dergleichen. Giacomo mag Schokolade mit Schaum, mit einem starken Vanillearoma wie in Turin. Die im Palais Royal servierte Schokolade findet er abscheulich. Enttäuscht ruft er den Kellner und bestellt einen Kaffee, erkundigt sich aber besorgt, ob er auch gut sei. »Und ob er gut ist«, meint der Kellner, »er ist sogar ausgezeichnet, denn ich habe ihn gestern selbst gemacht.«

»Gestern. Dann will ich keinen!« Der Venezianer ist so taktlos, alles, was der Kellner anzubieten hat, herunterzusetzen. Dieser, völlig verzweifelt über den schwierigen Gast, bringt ihm schließlich eine Karaffe Mandelmilch, die dem Venezianer so mundet, daß er sie ab sofort zu seinem Lieblingsgetränk erklärt.

Neben der Mandelmilch hat die französische Hauptstadt noch weitere Verlockungen zu bieten: amüsante Gesellschaft, Spiele aller Art und ungenierte Heiterkeit bei Tisch. Aber die Tischmanieren der Hofgesellschaft, die jene der königlichen Familie imitiert, erscheinen einem republikanischen Venezianer reichlich lächerlich. Über jede Kleinigkeit amüsiert sich Casanova. Als er vor einem Tabakgeschäft eine Warteschlange erblickt, möchte er wissen, ob dies hier die einzige Verkaufsmöglichkeit darstelle. Was für ein Tölpel er doch ist! Überall wird Tabak verkauft, und der von la Civette ist kaum besser als die anderen. Nur ist die Herzogin von Chartres zweimal dort abgestiegen, um ihre Tabaksdose auffüllen zu lassen. Nun möchten alle von dieser Sorte. Giacomo amüsiert sich auch über

Vorhergehende Doppelseite
»Nach dem kleinen Nachtmahl machte die Liebe mit uns, was sie wollte.«

Oben
»Statt einer Perücke fand ich die schönste aller Haartrachten vor. (...) Sie war eine alte Bekannte von mir, die mich drei Tage lang mit allem verwöhnte.«

andere »Staatsangelegenheiten«, wie zum Beispiel die große Beliebtheit eines Likörs namens Ratafia. Auf dem Weg zur Jagd verspürte Ludwig XV. plötzlich Lust, einen Ratafia zu trinken. Er hält vor der nächsten Schenke, bestellt sich ein Glas und äußert, daß dieser Likör ausgezeichnet sei. Innerhalb von vierundzwanzig Stunden wird dieser Likör in der Stadt und bei Hofe zum Lieblingsgetränk. Und der Pfiffikus kommt zu dem Schluß: »Wer ist der Heilige, dem dieser Mann für das schnelle Vermögen zu danken hat, das er gemacht hat? Die Dummheit, die Unbekümmertheit und die Freude am Lachen.«

Casanova bemüht sich, in dieser Gesellschaft, die für ihre Lebensart und spritzige Konversation berühmt ist und ihm deshalb ungeheuer zusagt, Fuß zu fassen. Hier werden selbst die kleinsten Details des Alltags von eleganten Gesten und geistreichen Bemerkungen begleitet. Giacomo, der jetzt Jacques heißt, tut sein Bestes. Der achtzigjährige Censeur Royal der Schönen Literatur, Crébillon, erteilt ihm kostenlos Unterricht. Trotzdem unterlaufen Jacques drollige sprachliche Verwechslungen, die die »Espritbüros«, diese kleinen Gesellschaftssalons, in denen Jacques verkehrt, amüsieren: »Ich habe ein Café mit zwei Savoyern darin getrunken.«

»Aber das ist doch töricht, mein Freund! Ein Café ist ein Lokal, wo er serviert wird; und das, was man trinkt, ist eine Tasse Kaffee. Und wie haben Sie die beiden Savoyer hinuntergeschluckt?«

»In Kaffee getaucht. Sie waren nicht größer als die, die Sie da auf Ihrem Nachttisch liegen haben. In Italien nennen wir diese Kekse *savoiardi*, Madame, und es ist nicht meine Schuld, wenn Sie angenommen haben, ich hätte zwei dieser Dienstmänner verschlungen, die an den Straßenecken stehen.«

Aus diesen *savoiardi* entwickelt sich im 20. Jahrhundert das Dessert mit Mascarpone, das Tiramisù. Das ist eines der wenigen Male, daß Giacomo in seiner *Geschichte meines Lebens* Süßigkeiten erwähnt, die sogar in Venedig teuer sind, das den braunen Zucker aus dem Orient und den einstigen Kolonien bezieht. Doch sicher hat der Junge aus Venedig gerne von diesen Kindheitsfreuden gekostet, von den Gewürzbroten, den Matrosenkeksen, den *frangipani*, den wie Seile gedrechselten *bussolai* aus Chioggia und den *baicoli*, die man am Ende der Mahlzeit in ein Glas Dessertwein taucht. Nicht zu vergessen das Gebäck aus einer Nougat-Pistazienmasse, die Blumenkrapfen, deren Verwandte man im ganzen Mittelmeerraum findet, sowie mit Schokolade überzogene kandierte Früchte, die *fava*, die *dolce*, die es an Allerheiligen gibt, oder die *fritelle* am Karneval, die man bei rituellen Zeremonien verspeist. Sind sie für den verwöhnten Feinschmecker zu banal, um erwähnt zu werden?

Zu Beginn des 18. Jahrhunderts wird durch den Handel mit den Antillen Europa in weit größerem

Maße mit Zucker versorgt, als es zuvor über die alten venezianischen oder genuesischen Monopole geschah, und Süßigkeiten sind bei Hofe und in der vornehmen Gesellschaft außerordentlich beliebt. Erlesenes Konfekt und cremegefülltes Gebäck, das oft von italienischen Spitzenkonditoren stammt, werden immer raffinierter und kopieren seltsamerweise die sogenannte Barockkunst, die sich in den kultivierteren Städten, von Rom bis Dresden, von Neapel bis Sankt Petersburg, verbreitet. Weshalb widmet der Feinschmecker, dem für ein Souper kein Weg zu beschwerlich ist, den Kuchen aus Wien, den Napfkuchen aus Nancy, den köstlichen Nachspeisen aus Prag nicht eine Zeile? Neben der heißen Schokolade, die er sehr gerne trinkt, läßt er die Sorbets, die Eiscremes und die kleinen Leckereien nahezu unerwähnt. Sicher, seine Desserts sind anderer Art. Doch die einleuchtendste Erklärung, weshalb der Memoirenschreiber die Süßspeisen so vernachlässigt, gründet auf Vernunft: Casanova mißtraut dem Zucker. Man hat aufgehört, ein Medikament daraus herzustellen, ein Elixier, das über alle möglichen Heilkräfte verfügen soll, oder Braten damit zu würzen; auch verteufelt man nicht mehr den Genuß von Zucker. Nun prangert man seine schädliche Wirkung für Haut und Zähne an. Zweifellos teilt der Venezianer diese Meinung. Rät er nicht der Herzogin von Chartres, keine Süßigkeiten mehr zu essen, um ihren häßlichen Teint zu bessern?

In einer Zeit, in der süße Gerichte in Mode sind, zieht Casanova es vor, in einer Kneipe am Gros-Caillou an der Seine einzukehren oder in einem Gasthof für Seeleute an der Rapée, um sich an Suppen oder Vorspeisen à la française gütlich zu tun. Das Ganze wird mit einem Schoppen Wein begossen. Für einen Louisdor bekommt er in den Wirtshäusern entbeintes Täubchen, garnierten Rinderbraten und anderes über Holzkohle gebratenes Fleisch. Nach einem Ausritt im Wald von Vincennes kehrt Jacques in einem Lokal ein und speist in angenehmer Gesellschaft fette Wachteln oder saftige Turteltauben, die noch blutig serviert werden. In solchen Lokalen werden jene alten Weinsaucen verschmäht, die den faden

Abbé de Bernis

»Er ist ein verdienstvoller und sehr geistreicher Mann. Sein hübsches Antlitz hat ihm den Spitznamen Belle Babet eingetragen (...).«

Geschmack erbärmlicher Grundstoffe übertünchen sollen. Hier würzt man mit frischen Kräutern wie Schnittlauch, Basilikum, Estragon, Pimpernell, Anis, Kerbel, Minze, die aus allen Regionen des Landes bezogen werden und allmählich die Trockengewürze ersetzen und an die von den Italienern so hochgeschätzte Petersilie erinnern. Senf, eines der wenigen Gewürze, die sich noch aus dem Mittelalter erhalten haben, wird nach wie vor verwendet. Die Feinschmecker begeistern sich für die Sauce hollandaise und die Mayonnaise, die sich auf zahlreiche Ursprünge beruft. Wurde sie von den Balearen, aus Mallorca oder von Port-Mahon im Gepäck des Maréchal de Richelieu eingeführt? Vielleicht stammt sie auch aus der Küche des Herzogs von Mayenne. Diese billigen Eßlokale bieten eine Küche, die Casanova mundet, aber sehr gewöhnlich ist. Zwischen den Inhabern der Garküchen und den Pariser Wirten entbrennen heftige Kämpfe, in deren Folge die Pariser ihren Lokalen aufgrund der hohen Qualität der Zutaten den Namen »Restaurant« geben. So entstehen in Paris erst spät Luxuslokale, während diese in London längst einer eleganten Gesellschaft erlesene Speisen servieren.

Fern der Küstengegenden sind frische Meereserzeugnisse selten und sehr teuer: An Fastentagen holt man, als Abwechslung zu den üblichen, in Salz eingelegten Seefischen, Karpfen, Schleien, Forellen, Aale, Hechte oder Barsche aus den Gewässern, um ein Fischragout zu bereiten. Brot ist und bleibt ein Grundnahrungsmittel. Die großen Mühlen, über die Paris so reichlich verfügt, liefern das Weizenmehl, das hier am gebräuchlichsten ist, doch die Qualität des Brotes hängt in erster Linie vom Wasser ab. Die Innenstadt bezieht ihr Wasser aus dem Ourcq, aus einigen Trinkquellen, widerlichen Brunnen und aus der schlammig-trüben Seine, die der Stadt, den Gerbereien, den Hospitälern, den Schlachthöfen als Kloake dient. Da kann man nur den Wein hochpreisen, dessen Alkoholgehalt Bakterien abtötet!

Das höfische Leben bildet einen Zeitvertreib, der einem Venezianer fremd erscheint, da in dessen Hei-

Links
»Nachdem sie sich angekleidet hatte, zog sie ihre Schuhe an, und sie küßte ihre Pantoffeln, die sie bis ans Ende ihrer Tage zu bewahren gedachte.«

mat der Personenkult unüblich ist. Im 18. Jahrhundert stellt die Vertrautheit mit diesem Hofleben für jeden in Europa geborenen ehrgeizigen jungen Mann eine Pflicht dar, denn hier lernt er die Sitten des Hochadels kennen, dessen Putzsucht, Verschwendungswahn und Unbekümmertheit. Ludwig XV. geht in Fontainebleau zur Jagd, wo sich auch der Hof niederläßt. Und Casanova findet dort Zugang. Da er jedoch nicht von hohem Stand ist, wird er nicht offiziell eingeführt. Aufgrund seines guten Aussehens erlaubt man ihm jedoch, das Theater zu besuchen. Zufällig macht er ein paar Bemerkungen, die die Marquise de Pompadour aufschnappt. Diese Episode wird er mit seinem unwiderstehlichen südländischen Charme immer wieder zum besten geben. Ebenso wie in Versailles werden ständig Feste gefeiert. Die Minister und Fürsten führen in ihren Sommerresidenzen ein offenes Haus. Das Protokoll wird hier weniger streng beachtet; man hat das Gefühl, auf dem Lande zu sein. Jacques gelingt es, neue Beziehungen zu knüpfen. Er speist bei Königin Marie Leszczynska, die, wie es die Etikette erfordert, ihre Mahlzeiten in aller Öffentlichkeit allein einnimmt, umgeben von Hofdamen und Haushofmeistern.

Der »service à la française« besteht darin, daß zehn bis zwölf Speisen gleichzeitig aufgetragen werden. Dann folgen genauso viele Fleisch- und Fischgerichte. Die Gäste kosten von allem etwas, im günstigsten Fall ein paar Bissen. Das Essen wird zugedeckt – daher der Begriff »couvert« – aus den weit entfernten Küchen gebracht. Durch die große Distanz zwischen Küche und Speisesaal sollte die Tischgesellschaft vom Brand verschont werden, der allzuoft durch die Herde entstand. Diese erlesene, üppige Speisenfolge, die dazu angetan ist, den Gaumen zu kitzeln und zu befriedigen, erinnert an die derzeitigen asiatischen Küchen, bei denen eine Mahlzeit gewöhnlich aus drei Gängen mit zwölf Speisen besteht, oder auch an italienische Antipasti. Die europäischen Höfe und die feine Gesellschaft folgen dem gleichen Prinzip. Bei bestimmten Zeremonien, an denen man Casanova in Preußen oder in Polen teilzunehmen lädt, sind auch Gäste an der königlichen Tafel erlaubt. In Rußland rechtfertigt, abgesehen von der nicht unbegründeten Angst vor Vergiftung, das rauhe Klima, daß die zugedeckten Speisen jedem der Gäste einzeln serviert werden, damit sie noch heiß verzehrt werden können. Einige Jahrzehnte später bringt es Antonin Carême, ein kleiner Küchenjunge, der in der prunkvollen Küche Talleyrands ausgebildet wurde, in Sankt Petersburg zu Vermögen und Ansehen. Er führt dieses Zeremoniell »à la russe« in Frankreich ein. Ende des 19. Jahrhunderts wird es in Westeuropa dank Auguste Escoffier zur Gepflogenheit, die Speisen heiß zu essen, und es werden neue Tischsitten eingeführt.

»Wildbret, Stör, Trüffeln, Austern und erlesene Weine. Ich warf ihm lediglich vor, daß er versäumt habe, hartgekochte Eier, Sardellen und Essigsaucen für den Salat bereitzustellen.«

Noch aber pflegen die Könige von Frankreich in Versailles oder Königin Marie in Fontainebleau ihre

Mahlzeiten zumeist kalt einzunehmen. Diese zarte Dame ist mit einem bourbonischen Appetit gesegnet. Ihre Magenverstimmungen, die häufigste Todesursache in ihrer Familie, sind berüchtigt. Zehn bis zwölf Höflinge verharren, zehn Schritte von ihr entfernt, im Halbkreis in tiefem Schweigen. Der Venezianer schließt sich ihnen an. Die Königin kostet eines der Gerichte. Es mundet ihr. Sie wendet sich zu den Höflingen und wählt unter diesen den wichtigsten aus, den Helden des Jahres, um ihn zu ehren: »Monsieur de Lowendal!«

Bei der Erwähnung des Namens verbeugt sich ein gutaussehender Mann, nähert sich drei Schritte der königlichen Tafel und erwidert:

»Madame!«

»Ich glaube, das beste Ragout von allen ist das Hühnerfrikassee.«

»Das finde ich auch, Madame!«

Derart spielt sich das Leben bei Hofe ab. Nach dieser bedeutungsvollen Antwort auf den kulinarischen Vorschlag der Königin entfernt sich Moritz von Sachsen, Herzog von Lowendal, Marschall von Frankreich, Sieger von Maastricht und Berg-op-Zoom drei Schritte von der Tafel und tritt wieder an seinen Platz. Die Königin setzt schweigend ihr Mahl fort. Der Venezianer Casanova kann nur mühsam ein Lachen unterdrücken.

Das Hühnerfrikassee stellt eine Novität am französischen Hof dar. Es wird im *Cuisinier Gascon*, einem der besten damaligen Kochbücher, das Louis de Bourbon, der Enkel Ludwigs XIV. und der Madame de Montespan, im Jahr 1740 herausgibt, nicht erwähnt,

Gerichtssaal, Gabriele Bella

»Gegen drei Uhr erschien der Anführer der Büttel und teilte mir mit, daß er Befehl habe, mich unter die Bleidächer zu bringen. Ohne ein Wort zu sagen, folgte ich ihm.«

»Ich sagte Laurent, daß ich das Michaelifest mit Käsemakkaroni zu begehen wünschte, aber da ich die Großzügigkeit der Person, die die Güte hatte, mir Bücher zu leihen, entgelten wollte, bat ich ihn um eine große Portion und sagte, ich wolle sie selbst anrichten.«

Rechte Seite
»Das ist ein Staatsgefängnis, aus dem noch niemals jemand entflohen ist, aber mir gelang es mit Gottes Hilfe, nach 15 Monaten zu entkommen.«

während Louis de Bourbons Zeitgenosse François Marin bereits im Jahr zuvor in *Les Dons de Comus* schrieb: »Im allgemeinen zeichnet sich die Güte eines Hühnerfrikassees durch seine Einfachheit aus.« Die wenigen Worte, mit denen Königin Marie dieses Gericht vor den anderen ausgezeichnet hat, bringen es in Mode. Es werden unzählige Rezepte erfunden, mit Champagner, mit Pilzen, in einer Sauce aus Eigelb, Butter und Essig. Ihr schöpferischer Koch Vincent de la Chapelle läßt auch ein altes Rezept, das einst Königin Margot gewidmet war, wieder aufleben – die Königinpastete.

Die Freßlust, oder kultivierter ausgedrückt, die Schlemmerei, wird also an den europäischen Höfen in aller Vornehmheit gepflegt. In Frankreich stellt das kulinarische Vergnügen für die müßigen Höflinge eine gepflegte Zerstreuung dar, eine interessante Beschäftigung, einen ergötzlichen Wettstreit. Unter den vornehmsten Untertanen des Königreichs besitzen die hundert hervorragenden Ritter des Ordens des Heiligen Geistes, die sich durch Verdienste und Geburt auszeichnen und Bernis zu ihren Mitgliedern zählen, aufgrund ihrer prunkvollen Tafel einen so exquisiten Ruf, daß das blaue Band, der *cordon bleu*, das Emblem dieses begehrten Ordens, in die Sprache der Gaumenfreuden übertragen wird.

Auch der Beitrag der gekrönten Häupter ist beachtlich: Der polnische Ex-Monarch Stanislas von Leszczynski, Herzog von Lothringen, führt die Meringue ein, deren Rezept er von dem Italiener Gasparini erhalten hat. Auf seinen Wunsch hin backen ihm die Lothringer einen *gouglouff*, einen kleinen Kuchen auf polnische Art, den man später Gugelhupf nennt. Der Herzog, der den Kuchen recht trocken findet, beträufelt ihn mit gezuckertem Malaga und tauft dieses Dessert »Ali-Baba« – nach seinem Lieblingshelden. In Ermangelung eines politischen Vermächtnisses geht er als Fürst der Gourmets in die Geschichte ein, eine vornehme, läßliche kleine Sünde, für die ihm sein Beichtvater Menou, der selbst 12 000 Kochbücher besitzt, ohne weiteres die Absolution erteilt.

König Ludwig XV., der die feine Küche genauso liebt wie sein Schwiegervater und auch selber gern kocht, fördert die Einrichtung eines Pariser Lokals, das sich auf Nudeln und Ravioli – oder Eselsohren – spezialisiert und dessen Besitzer aus der Provence stammt. Dieses Restaurant hält sich bis zur Revolution.

Es zeichnet sich eine entscheidende Veränderung der kulinarischen Vorlieben ab: Die beiden Jesuiten, Verfasser des Geleitworts zu *Dons de Comus* sind nicht die einzigen, die ein Loblied auf die Kochkünste der italienischen Halbinsel anstimmen und hervorheben, in welchem Maße die französischen Köche dieser verpflichtet sind.

Zu Beginn des Jahrhunderts erfordert die Prachtentfaltung der königlichen Tafel eine kunstvolle Dekoration der Speisen. Die Pasteten, die Spanferkel- und Geflügelsülzen werden verziert wie Tabaksdosen aus Gold und Email. Gewürze aus dem Orient und vom Mittelmeer, wie zum Beispiel Safran, Harze oder andere färbende Substanzen, die nicht unbedingt schmackhaft sind, bilden die vielfarbigen Dekors der Gerichte. Der scharfe Geschmack der heutigen Süßwaren rührt ebenfalls von diesen Ingredienzen her. Die mehr visuelle als schmackhafte Speisenpräsentation kann den feinen Gaumen des Königs jedoch nicht reizen. Er lehnt diesen Exzeß ab und beschließt, die Bräuche grundlegend zu ändern. Die höfischen Gaumen-Adjutanten werden wieder zu Aromakünstlern und bereiten köstlich mundende Speisen zu. Sie belegen, daß das 18. Jahrhundert nicht weniger innovativ war als die berühmte französische kulinarische Revolution ein Jahrhundert später.

Paris, die Stadt der Ästheten und Feinschmecker, ist ganz unbestritten auch die Stadt mit den besten Köchen, den Vorläufern der großen Meisterköche der Restaurants des 19. Jahrhunderts. Ebenso wie die französische Sprache hat auch die französische Kochkunst eine große Anhängerschaft. Kritiker machen sich jedoch darüber lustig, daß ganz Europa sich dem Pariser Geschmack unterwirft. Sagenhaft reiche Aristokraten setzen sich aus Liebhaberei oder als Mäzene für die Weiterentwicklung der Kochkunst und die Befreiung der Feinschmeckerei ein. Die üppigen Festmahle, die Bankiers oder Großgrundbesitzer ausrichten, stehen in nichts jenen der königlichen Tafel nach. Casanova erwähnt des öfteren seinen Freund Noël, einen begnadeten Meisterkoch und Lieblingskoch Friedrichs II. von Preußen, der mit seiner raffinierten Kunst den Tod des berühmten Julien Offray de La Mettrie verursacht haben soll. Dieser Arzt und Dichter, dessen Schriften durch ihren Atheismus provozierten, war ein unverbesserlicher Gourmand und ungezügelter Genußmensch, der bei Tisch den Speisen in einem solchen Maße zusprach, daß ihm anschließend schlecht wurde.

Bald aber holen materielle Sorgen den Venezianer ein, der sich darüber Gedanken machen muß, wie er künftig seinen Lebensunterhalt bestreiten soll. Er wendet sich an einen Zechkumpan aus Venedig, den Abbé de Bernis, die einzige einflußreiche Persönlichkeit, die er kennt. Er hat Glück, denn der Prälat befindet sich auf dem Höhepunkt seiner Karriere, nachdem er dank der Pompadour zum Staatsminister ernannt wurde. Bernis erweist sich als guter Freund und greift Casanova kurzfristig unter die Arme. Er empfiehlt ihm, sich etwas einfallen zu lassen, um die Staatskasse, die wie immer leer ist, aufzufüllen. Der französische Staat, der eine Art kultureller Synthese zwischen Geburt und Intelligenz anstrebt, zeigt sich gegenüber Nichtadeligen ungewohnt offen. Davon profitieren Philosophen, Bankiers, Gelehrte und Künstler, die so klug sind, die Gelegenheit zu nutzen, als erste. Das Glück, das heißt die Aufmerksamkeit und die Geldbörse der Mächtigen, wendet sich jenen zu, die sich darauf verstehen, das Publikum in Staunen zu versetzen – und so lange, wie sie es gut unterhalten. Jacques schlägt mit der ihm eigenen Kühnheit die Einrichtung einer Lotterie vor, entsprechend dem Beispiel von Venedig. Der Plan findet Gefallen. Auch sein zukünftiger Gönner Beaumarchais, der Finanzier Pâris-Duverney, der versucht hat, den Adel und den Klerus mit Steuern zu belegen und jetzt weniger radikale Lösungen zur Verbesserung der Finanzen sucht, setzt sich dafür ein.

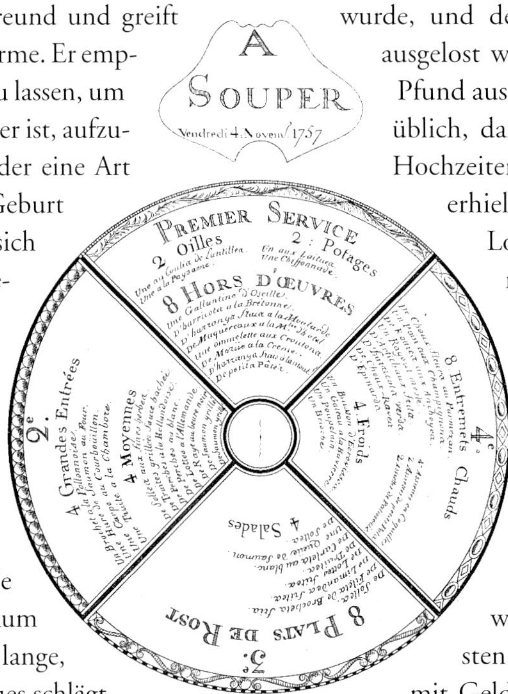

Speisekarte eines Soupers für den König und Madame Pompadour im Schloß Choisy

Casanova bringt gegen alle Einwände vorsichtiger Bankiers ein Projekt durch, das die Brüder Calzabigi, seine Partner, seit zwei Jahren vergeblich zu realisieren versuchen. Er erhält eine Rente, und man überträgt ihm die Verwaltung von sechs Annahmestellen, von denen er fünf untervermietet. »In weniger als zwei Jahren«, schreibt er, »bin ich Millionär geworden.« Eine schöne Revanche für den Flüchtling aus den Bleikammern.

Ab 1758 wird die Lotterie offiziell in Frankreich eingeführt. Sie findet alle sechs Wochen statt und verbucht rasch Erfolge. Sogar Ludwig XV. nimmt selbst daran teil und entlohnt verblüffte Angestellte mit Lotterielosen in Höhe von 500 Pfund. »Eine glänzende Idee war es«, schreibt Charles Samaran, »jeder der 90 Nummern den Namen eines jungen Mädchens zuzuweisen, das unter den würdigsten ausgewählt wurde, und dem Mädchen, dessen Nummer ausgelost wurde, eine Sparsumme von 200 Pfund auszuzahlen.« In Paris war es damals üblich, daß junge Frauen bei königlichen Hochzeiten oder Geburten Geldbeträge erhielten. Aber die Idee mit den Losen erinnert mehr an die Pfarreien der Serenissima. Die Carità verteilte jährlich an ungefähr zwanzig arme und tugendhafte junge Mädchen Geldgeschenke, während in Santa Maria Formosa, der Pfarrei der Grimani, im Januar eine Präsentation schöner, aber armer Mädchen veranstaltet wurde. Die zwölf verführerischsten wurden zu »Marie« gewählt und mit Geld belohnt, denn in Venedig gingen von jeher Schönheit und Tugend Hand in Hand, um die Gunst des Schicksals zu gewinnen. Wer eignete sich also besser als Casanova dafür, sich um die Pariser Lotterie und die damit verbundenen delikaten Aufgaben zu kümmern?

Da Jacques nun Millionär ist, kann er sich uneingeschränkt seinen Gaumenfreuden hingeben. Für die Zeit seines Aufenthalts in Paris, seine vier schönsten Jahre, läßt er sich im Viertel Petite-Pologne außerhalb von Paris nieder, einer damals sehr begehrten Wohngegend. Die Gärten, Cracovie-en-Bel-Air, die es mittlerweile nicht mehr gibt, grenzen an die des Herzogs von Gramont, wo sich heute die Rue d'Astorg befindet. Casanovas Haus verfügt über drei Wohnungen mit Bad sowie eine große Küche mit entsprechender Ausstattung. Ein Stall mit 20 Boxen und ein gut

sortierter Weinkeller gehören ebenfalls zu dem Anwesen. Casanova schreibt darüber: »Schon seit jeher liebe ich eine erlesene Tafel.« Der Eigentümer des Anwesens wird der »Butterkönig« genannt, seit Ludwig XV. erklärte, daß die Butter, die er verkaufe, die beste in ganz Paris sei. Trotz der unterschiedlichen Qualität der Butter erfreut sich dieses Nahrungsmittel aus der Bretagne und dem Nordseeraum seit einigen Jahrzehnten höchster Gunst und verweist das Schmalz, den Speck oder das in den Mittelmeerländern so beliebte Öl auf den Rang zweitklassiger Nahrungsmittel.

Folgen nun, nach der Regelung der Finanzen, die Gaumenfreuden?

Jacques engagiert zwei Lakaien für die Aufsicht über den Haushalt. Wie alle Venezianer ist er ein schlechter Reiter und stellt deshalb einen Kutscher und einen Stallknecht für die beiden Kutschen und die fünf Pferde ein, »die man als wild bezeichnet, da sie nur Heu zu fressen bekommen«. Schnell wird der gastfreundliche Bewohner des Petite-Pologne berühmt. Jacques, der jetzt reich ist und umschmeichelt wird, gefällt sich in der Rolle des Gastgebers, ein Indiz für gesellschaftliche Anerkennung, die seine Eitelkeit befriedigt. Für improvisierte Mahlzeiten, mit denen er Besucher verwöhnt, wählt der Epikureer als typischer Italiener einfache Speisen, deren Eigengeschmack er dominieren läßt: »Damen von Rang spazierten morgens in Begleitung junger, unerfahrener Männer, die schüchtern schwiegen und die ich geflissentlich übersah, durch meine Gärten; ich ließ ihnen frische Eier und Butter servieren, die die berühmte Butter von Vambre noch übertraf. Darauf bot ich ihnen Maraschino aus Zara an, den besten, den es gab und von dem sie trinken konnten, soviel sie wollten.«

Während die feinen Leute von Paris ihre Küche nur einem männlichen Koch anvertrauen, stellt der Venezianer nach dem Beispiel des englischen Landadels eine Köchin ein, Madame de Saint-Jean, »die Perle«. Für einen epikureischen, sinnenfreudigen Italiener ist es sicher das Natürlichste von der Welt, kulinarische Köstlichkeiten von einer Frau herstellen zu lassen. »Ich ließ Hühner in einem dunklen Zimmer mit weißem Reis füttern, sie waren weiß wie Schnee und hatten einen exzellenten Geschmack. Zu den Köstlichkeiten der französischen Küche fügte ich noch alles hinzu, was das übrige Europa an Verführerischem zu bieten hat. Meine Makkaroni *al sugo*, mein Reis, als Pilaw oder Risotto zubereitet, und meine *olla podrida* erregten allgemeines Aufsehen. Ich lud ausgewählte Gäste zu erlesenen Soupers ein, und sie sahen, daß mein Vergnügen um so größer war, je besser es ihnen schmeckte.«

Seine Tafel bietet zweifellos verlockende Gaumenfreuden, denn er setzt auf seine Talente als Amphitryon, um seine Persönlichkeit zur Geltung zu bringen. Dieser sinnenfreudige Mensch, der stets über jeden Trend auf dem laufenden ist, dieser Liebhaber guten Essens, pflegt einen alten Brauch: Er bevorzugt grundsätzlich die einheimische Küche, egal in welchem Breitengrad er sich gerade aufhält. Diese kosmopolitische Manier ergänzt er als Gourmet und Mann von Welt durch Gewürze seines Wahllandes, wobei er nach einem Prinzip verfährt, das seine

Der Alchimist, Pietro Longhi

»Von der Bibliothek gingen wir in ihr Labor, das mich äußerst beeindruckt hat. Sie zeigte mir einen Stoff, den sie seit fünfzehn Jahren im Feuer hielt und der noch vier oder fünf Jahre darin bleiben muß.«

italienische Eßkultur verrät: »Alles war exquisit, weil nichts verfälscht wurde.« Die Genüsse der Kindheit prägen sich stärker ein als die späteren kulinarischen Erfahrungen; so vereinigen sich bei Feinschmeckern wie Casanova sehr unterschiedliche Geschmacksrichtungen.

Wenn sich Jacques nicht gerade seinen lukullischen Vergnügungen widmet, stürzt er sich ins Pariser Gesellschaftsleben. »Wollen Sie mir einen Gefallen erweisen? Ich habe eine Tante, eine bekannte Persönlichkeit, die sich in allen abstrakten Wissenschaften einen Namen gemacht hat, sie ist eine große Chemikerin und eine geistvolle Dame mit einem großen Vermögen. Sie kann es gar nicht erwarten, Sie zu sehen, denn sie behauptet, Sie zu kennen. Sie sagt, Sie seien nicht der, den Paris in Ihnen sieht. Meine Tante ist die Marquise von Urfé.«

Diese Einladung zum Diner eröffnet dem Venezianer eine neue Welt. Die sagenhaft reiche Jeanne Camus de Pontcarré, in deren Haus es ein Laboratorium und einen Destillierkolben gibt, besitzt ein großes chemisches Wissen. Aber um sich über den Verlust ihrer turbulenten Jugendjahre hinwegzutrösten, wendet sie sich, indem sie Wissenschaft und

»Wir tranken nur Burgunder und leerten eine Flasche Œil-de-perdrix und eine Flasche Champagner, um in Stimmung zu kommen. (...) Sie klingelte lediglich nach dem Diener, damit er das Dessert auftrage und alles Notwendige für den Punsch bringe.«

Aberglauben vermischt, der Magie, der Zauberei und Astrologie zu. Sie trifft sich mit Künstlern, modernen Philosophen, Abenteurern und Magiern aus allen Teilen der Welt, die nach Paris drängen, dort ihre esoterischen Lehren verbreiten und sich auf das Übernatürliche oder die hermetischen Wissenschaften berufen. Alles im Namen des Fortschritts und natürlich zu ihrem eigenen Vorteil. »Das Diner, das mir am meisten Vergnügen bereitete, war jenes, das Madame d'Urfé zu Ehren von Madame de Gergi gab, die sich in Begleitung des berühmten Abenteurers, des Comte de Saint-Germain, befand. Er war wirklich in allem ungewöhnlich. Er war gelehrt, sprach fließend viele Sprachen, er war ein guter Musiker, ein großer Chemiker und behauptete, er beherrsche auch die Universalmedizin.«

Alchimisten aus aller Herren Länder sind auf der Suche nach dem Lebenselixier und dem spirituellen Zugang zu den kosmischen Kräften, der den alten Ägyptern ein so großes Anliegen war. Die Marquise befaßt sich mit dem Geheimwissen und bekommt schließlich Wahnvorstellungen: Die sechzigjährige Witwe von Louis de La Rochefoucauld, die sich für die Verwandlung der Materie begeistert, eine Anhängerin der Rosenkreuzer, bildet sich ein, auserwählt zu sein, die Berühmtheit des Großvaters ihres Mannes, Honoré d'Urfé, weiterzutragen. Beeindruckt von der Gelehrsamkeit des Venezianers und fasziniert von seiner südländischen männlichen Ausstrahlung, wirft Madame d'Urfé ein Auge auf ihn, um mit ihm das Große Werk zu vollbringen, die himmlische Vereinigung von Schwefel und Quecksilber. Durch die »Hypostase«, einen symbolischen Ritus altüberlieferter Kulte, die die Marquise zu vollziehen hofft, soll sie im Körper eines männlichen Kindes, das sie selbst gezeugt hat, wiedergeboren werden. Denn im Jahrhundert Lavoisiers fasziniert die Alchimie nicht

minder als die Kochkunst die gelehrtesten und reichsten Persönlichkeiten Europas. Dieser erstaunliche Vorschlag gibt Anlaß, über all diese Arten von Leichtgläubigkeit nachzudenken oder vielmehr über das ewige Bedürfnis nach Irrationalem in Zeiten mangelnder Ideologie, die durch eine Kluft zwischen Sitten und Institutionen gekennzeichnet sind. Schenkt man dem schönen Jacques Glauben, der immer hellhörig ist, wenn es um Okkultismus geht, so ist die unergründliche Naivität des Opfers schuld, »das ich zurückließ, dessen Seele, Herz und dessen gesamten gesunden Menschenverstand ich jedoch mitnahm«. Kurzum: Wenn er die Angelegenheit nicht selbst in die Hand nähme, würde ein anderer diesen kleinen Schwindel mitmachen. Paralis Galtinarde, der Zaubername von Casanova, wird, indem er den Wahnwitz der Marquise unterstützt, Semiramis alias Madame d'Urfé »neu erschaffen« – natürlich zu einem hohen Preis.

Diese Zeremonien können Jacques zufolge nur abgehalten werden, wenn sie durch erlesene Mahlzeiten und Getränke einen feierlichen Rahmen erhalten, denn im Zeitalter der Vernunft, das ebenso der Feinschmeckerei wie der Alchimie frönt, wird man ihn nicht dazu bringen, Krötenschleim zu essen. »An dem durch den Mond bestimmten Tag gingen wir zusammen zum Speisen in einen Garten außerhalb der Stadt, wo ich in einem Raum im Erdgeschoß alles Notwendige für die Zeremonie vorbereitet hatte.« Nach einem schmackhaften Entrée entfaltet der Sohn von Schauspielereltern seine ganze Phantasie: »Ich hatte eine große Badewanne mit lauwarmem Wasser aufstellen lassen, vermischt mit Essenzen, die dem nächtlichen Himmelsgestirn wohlgefällig sind. Nachdem wir stark duftende Räucherstäbchen angezündet und geheimnisvolle Gebete gesprochen hatten, entledigten wir uns aller Kleider. Am Rand der Badewanne befand sich eine Alabasterschale mit Wacholderbranntwein, die ich entzündete, dabei kabbalistische Worte murmelnd, die ich selber nicht verstand und die sie wiederholte, während sie mir den an Selenis gerichteten Brief reichte. Ich verbrannte den Brief in der Schale, über der der Mond gerade richtig stand, und die leichtgläubige Marquise versicherte mir, sie habe beobachtet, wie die Buchstaben mit den Mondstrahlen zum Himmel hinaufgestiegen seien.« Wofür doch die Lektionen von Nutzen waren, die er im Seminar Salute gelernt hatte!

Die Atmosphäre des Jahrhunderts ist erfüllt von einem Gemisch aus Kochkunst und Chemie. Ist das Prinzip des Kochens im Wasserbad nicht der berühmten Alchimistin Marie der Jüdin zu verdanken? Man versucht nicht nur, Blei in Gold zu verwandeln, sondern auch andere Rohstoffe zu transformieren. Alle glauben an die chemische Übertragung einzelner Substanzen, an die Spiritualität der Ernährung. Schlechte Zeiten für die Religion, die stets die Göttlichkeit der Hostie verkündet hatte. Die berühmtesten Köche, wie zum Beispiel Bertrand, der Haushofmeister des Fürsten von Soubise, hängen diesem Glauben leidenschaftlich an und preisen die »hohe Bedeutung der Lebenssubstanzen der Nahrung«. Menon interessiert sich für die Schmackhaftigkeit der Lebensmittel und befaßt sich mit dem Prinzip der Osmazone, unseren heutigen Peptonen. Von der Zersetzung des »œuvre en noir« bis zur Verdunstung des »œuvre en blanc« verändert die Küche, sagt er, die groben Teile der Nahrung, um daraus ihre wesentlichen Extrakte zu gewinnen. Er behauptet, daß die Kochkunst sich durch Zubereitung und Verfeinerung der Speisen von der Barbarei entferne und am Fortschritt der menschlichen Intelligenz teilhabe. Diderot drückt dies anders aus. Für ihn ist der Luxus im Alltag die Eigentümlichkeit des kultivierten Menschen, während die Ärzte eine bestimmte Form der Diätetik wiederentdecken und nicht mehr Hygiene predigen, deren einziger Verfechter noch der berühmte Arzt Théodore Tronchin ist.

Der Venezianer, der sich jederzeit den wechselnden Trends anpassen kann, läßt sich von all diesen Ideen inspirieren, um sein gastronomisches Repertoire mit esoterischen Analogien zu erweitern. Nach dem Nährwert der Speisen, der Schwelgerei in deren Schmackhaftigkeit, der gesellschaftlichen Funktion des Tafelns und der Dekoration bereichert er nun durch diese organische Seite der Kochkunst seine Konversation. Der Epikureer läßt sich keine Gelegenheit entgehen zu glänzen, indem er über die chemischen Eigenschaften der Speisen und die Spiritualität der Gerichte philosophiert.

Doch die Begeisterung dieser Epoche gilt nicht nur der Kochkunst, sondern auch den Textilunternehmen. Mitte des 17. Jahrhunderts führt die Ostindische Gesellschaft bedruckte, leichte und farbenfrohe Baumwollstoffe aus ihren Niederlassungen ein. Als besondere Neuheit gilt ein waschbarer Stoff, der Chintz. In Frankreich und England setzen Seiden- und Wollfabrikanten durch, daß diese gefährliche Konkurrenz unterbunden wird. Nach der Aufhebung dieser Verfügung im Jahre 1759 kommt der Stoff in Mode, was neue Industriezweige und Berufe entstehen läßt. Charles-Philippe Oberkampf aus der Schweiz stellt die berühmten Jouy-en-Josas-Leinenstoffe her, die ihn zu einem reichen Mann machen. Dann übernehmen auch die Engländer dieses Herstellungsverfahren. Im nachfolgenden Jahrhundert vermeiden sie lebhafte Farben, damit die Stoffe zum Mobiliar passen, und färben das Tuch in Tee, so daß es jenen sepiabraunen Ton bekommt, der so »cosy« ist. Jacques erinnert sich an seine Kindheit, an das Geklapper der Webstühle in den Webereien in Venedig, die schillernden Seiden- und kostbaren Brokatstoffe seiner Heimatstadt. Es erübrigt sich zu betonen, daß dieses Gewerbe für einen Aufschneider wie Casanova, der zutiefst von seinen Fähigkeiten überzeugt ist, nichts Geheimnisvolles hat. Im Jahr, in dem sich Jacques in Petite-Pologne niederläßt, investiert er seine Lotteriegewinne in die Errichtung der Fabrik

»Er erzählte mir von den ungeheuren Gewinnen der Seidenstoffmanufakturen und dem Geld, das man machen könne, wenn man den Mut hätte, eine Fabrik für bemalte Seidenstoffe wie jene aus Peking zu gründen.«

Linke Seite
Das Lottospiel, Jean Grevendroch

Oben
Die Manufaktur Oberkampf in Jouy-en-Josas.

Scotti, die bemalte Seidenstoffe herstellt, nach dem Vorbild jener Tuche, die man für teures Geld aus Peking bezieht. Er mietet Geschäftsräume in Paris, im Bereich der ehemaligen Templer, wo fast viertausend Personen beschäftigt sind. Der Tempel, eine Art Freihafen, der von Louis de Conti, dem ausschweifendsten Fürsten von blauem Blut, beherrscht wird, unterliegt weder der Steuerpflicht noch den Schikanen der Zünfte – ein Vorteil in den Augen eines Venezianers,

der weiß, daß solche finanziellen Belastungen den Wohlstand Venetiens aushöhlten.

Kurzum, der Kuckuck, der sich gleichzeitig als Landjunker, Manager und Hochstapler betätigt, versucht nun zum ersten Mal, ein Nest zu bauen. Doch Besitz ist ebensowenig sein Fall wie die Ehe oder eine andere Form gesellschaftlicher Bindung. Sich mit Geschäftsführung und Verwaltung zu beschäftigen, ist seinem Wesen völlig fremd; diese Art von Zahlen ist nicht seine Sache. Er wird von seinen Arbeiterinnen, denen er für das *ius primae noctis* zuviel bezahlen muß, ruiniert und von seinen Partnern bestohlen, und so macht der Venezianer Konkurs. Im Dezember 1760 sieht er sich gezwungen, Paris zu verlassen. Seine Möbel, seine Rente, seine fetten Einkünfte als Lotterieeinnehmer und seine zahlreichen Schlemmer-Kumpane folgen ihm nicht.

Der kleine Venezianer hat finanziell und gesellschaftlich einen kometenhaften Aufstieg erlebt, aber einen Weg eingeschlagen, der ihm nicht liegt. Denn der galante und ehrgeizige Mann von Welt kann nie völlig den feurigen Südländer verleugnen, der seine ganze Intelligenz und Energie für die Suche nach Vergnügen einsetzt. Innerhalb von vierzehn Jahren hat Casanova dank seiner Gönner und seiner unbeschreiblichen Dreistigkeit im Leben alles erreicht: Ruhm, Vermögen, gesellschaftliche Anerkennung, Liebschaften mit den schönsten Frauen, Kontakt mit einflußreichen Persönlichkeiten und das Vergnügen, im Theater aufgeführt zu werden. Binnen dreier Monate bricht all dies, was ihm viel zu leicht zugeflogen ist, wie ein Kartenhaus zusammen. Jacques ist inzwischen fünfunddreißig Jahre alt. Paris, seine zweite Heimat, weist ihn aus. Zum zweiten Mal muß er ins Exil. Weitere vierzehn Jahre voller Abenteuer und Irrfahrten durch Europa erwarten ihn. Seine Zukunft, seine Erinnerung, seine Familie, sein Vermögen und seine Heimat sind künftig seine Koffer mit Büchern und Federhüten, seine Ringe und kostbaren Tabaksdosen, seine Zungenfertigkeit, sein unverrückbarer Glaube an seinen guten Stern, sein unersättlicher Appetit und ein paar Reminiszenzen an die Jugend. Für den kleinen Venezianer Giacomo bedeutet diese Wende kein Scheitern, sondern ein Zurechtrücken der Dinge.

Ohne Bedauern lehnt er einen gesicherten Posten ab, den ihm der holländische Bankier Zachary Hope anbietet. Das Angebot wird von der Tochter des Finanziers wiederholt. Esther, ein sanftes, gebildetes und begabtes Mädchen, wird vom Okkultisten gleichermaßen angezogen wie vom Astrologen. Nachdem sie vergeblich an die zarten Saiten des Verführers zu rühren versucht hat, bietet sie ihm als erstes ihre Bewunderung als Mathematikerin an, dann ihre Dienste als Krankenschwester und schließlich auch ihre Talente als Köchin: »Sie sagte, sie werde mir den Kabeljau so zubereiten, wie ich ihn mag, desgleichen die Koteletts und die Austern. Nachdem sie der Haushälterin aufgetragen hatte, ihre Sänfte heimzuschicken, begab sie sich ins Zimmer der Wirtin, um ein Schlemmermahl, den Rechaud und den Weingeist zu bestellen, um ihre kleinen Ragouts auf dem Tisch anzurichten. So war Esther.« Das Mädchen hofft insgeheim auf eine Heirat. Aber Casanova hat alles andere im Sinn: »Ich habe die Frauen bis zum Wahnsinn geliebt; aber ich habe ihnen stets meine Freiheit vorgezogen. Als ich Gefahr lief, sie aufgeben zu müssen, wurde ich immer nur durch einen Zufall gerettet.«

»Mich verführten die Muster und die Schönheit der Farben,
über deren Geheimnis er verfügte und die dem Regen widerstanden.
Die Pracht des silbernen und goldenen Blätterwerks
übertraf noch die vielbewunderten chinesischen Seidenstoffe.«

Die Genüsse des Reisenden

Die Ankunft der Postkutsche.

»Wir waren zu acht in dem Wagen, den man Postkutsche nennt. Wir hatten zwar alle einen Sitzplatz, aber einen unbequemen, da die Kutsche oval war (...). Aber ich sagte nichts, denn als Italiener mußte ich alles, was es in Frankreich gab, phantastisch finden.«

Folgende Doppelseite
»Ich erlebte die große Schönheit des Landes und der breiten Landstraßen.«

Der geächtete Casanova ändert sein Leben und seinen Namen. Dem Titel Chevalier, mit dem Papst Clemens XIII., ein Venezianer aus der Familie Rezzonico, den Abenteurer geehrt hatte, fügt er den Namen de Seingalt hinzu, den er aus acht Buchstaben zusammensetzt, da »das Alphabet allen gehört«, in der Hoffnung, daß dieser kabbalistisch chiffrierte Name ihm Glück bringe. Manchmal bedient er sich auch des Titels eines Grafen oder verwendet den Namen seiner Mutter. In Frankreich einen Titel zu kaufen – auch wenn er teuer ist, wie im Falle von Caron de Beaumarchais –, bringt den Vorteil, daß man keine Steuern zahlen muß. Überall sonst in Europa ist mit dem kostenlosen Erwerb eines wertlosen Titels der Anspruch auf eine bestimmte Lebensart und der Vorrang von Begabung gegenüber der Herkunft verbunden. Dieses Denken prägt den Zeitgeist. Giacomo, der sich ein paar Jahre zuvor in Wien darüber gewundert hatte, daß man ihn als Baron ansprach, stellt sich künftig vor als: »Casanova, Chevalier de Seingalt, Comte de Farussi«. Je frischer der Adelstitel, desto älter der bürgerliche Stand und desto eher holt die Erblichkeit den ein, der sie loswerden will. So ausgefallen und kunterbunt Giacomos Speisen in Petite-Pologne waren, so erinnert auch dieser Titel an eine Harlekinade.

Von dem aristokratischen Rang, den er für sich beansprucht, erwartet er lediglich das Recht, nach seinem Gusto zu leben: »Mein sanguinisches Temperament machte mich sehr empfänglich für Verlockungen aller Art; ich war immer fröhlich und begierig, von einem Genuß zum nächsten zu eilen, und phantasievoll, wenn es um die Erfindung neuer Genüsse ging.« Sein Instinkt nimmt gleichsam das Ruder fest in die Hand und sprengt die Taue der Konvention, das Bollwerk von Würde und Besitz. Er gewinnt dadurch völlige Freiheit, das heißt, er lebt ohne Netz und doppelten Boden. Auch läßt er sich von der mißlichen Lage,

für die er selbst verantwortlich ist, nicht kleinkriegen, sondern stellt seinen Mut und seine Intelligenz unter Beweis. Aber weder die unrealisierbare Eroberung noch die platonische Leidenschaft noch das Dandytum, die alle von abstrakten oder narzißtischen Gesetzen geprägt sind, stellen für diesen Südländer ein Vergnügen dar. Ihn locken einzig die fundamentalen, zeitlosen Vergnügungen der Menschheit. Das Geld, das letzte Element der Trilogie von Lust und Spiel, ist eines der wenigen Dinge, über die der Venezianer nur vage Auskünfte gibt. Der ansonsten so weitschweifige Memoirenschreiber ist, was die Beweggründe seiner Reisen und die Quellen seiner Einkünfte angeht, äußerst wortkarg. Eine Zeitlang hält er sich dank der Zuneigung seiner Gönner, seiner blühenden Phantasie, seiner Zungenfertigkeit und seiner Talente über Wasser. Der Gentleman mit den guten Manieren trägt einen Degen und verteidigt tapfer dieses Privileg. Als Italiener besitzt er eine elegante Garderobe mit gestärkten Brustkrausen, bestickten Batisthemden, kostbaren Seidenstrümpfen und durchwirkten Gewändern, außerdem rote, silberbeschlagene Schuhe mit Absätzen und *tutti quanti*. Doch diese vornehme Kleidung kann auf die Dauer nicht den Raubvogel verbergen, der von einer unbezwingbaren Lust getrieben durch Europa irrt, um seine erotische Leidenschaft und seine unerschöpfliche Gier nach Gaumenfreuden zu stillen. Er faßt dies auf seine Art zusammen: »Die sinnlichen Genüsse zu kultivieren, bildete die Hauptbeschäftigung meines ganzen Lebens.«

»Da wir wußten, daß uns nur eine halbe Stunde blieb, wurden wir in einer Minute zu einem einzigen Wesen. Auf dem Gipfel des Glücks und in der Trunkenheit völliger Befriedigung, höre ich mit Erstaunen aus dem Mund von Donna Lucrezia die Worte: ›Ach! Mein Gott! Was sind wir unglücklich!‹ Darauf stößt sie mich zurück, richtet sich, der Kutscher hält an und der Diener öffnet die Tür.«

Eine Zeitlang wird Casanova von verschiedenen Ministerien der Regierungen Bernis und Choiseul mit Geheimaufträgen betraut, wie aus den Archiven in Paris zu ersehen ist. Es sind echte, aber nur gelegentliche Aufträge, deren Nutzlosigkeit überrascht. Doch

»Ich hatte keine große Mühe, sie, als wir in Treviso ankamen, dazu zu überreden, mit mir in einem Gasthaus zu speisen, in dem beinahe niemals Gäste waren.«

wie kommt Giacomo zu solch wertvollen Empfehlungen, die ihm die Türen der europäischen Gesellschaft öffnen? Wie gelingt es diesem zwielichtigen Abenteurer, der verbannt und geächtet wurde, an die Tafel von unzähligen umschmeichelten und mächtigen Persönlichkeiten des Kontinents, Intellektuellen, Künstlern, Ministern und an die Höfe regierender Monarchen wie zum Beispiel Katharinas der Großen, Friedrichs II. von Preußen oder Stanislaw Augusts von Polen geladen zu werden? Man vermutet, daß der Venezianer als Verbindungsmann der Freimaurer agiert, wie Cagliostro und Saint-Germain – letzterer nicht zu verwechseln mit dem späteren Minister gleichen Namens, nach dem auch eine Suppe benannt wurde. Casanovas Status weist ihn als mögliches Mitglied der Freimaurer aus, und einige seiner Reisen oder Kontakte könnten sich daraus erklären. In seinen Memoiren finden sich des öfteren Anspielungen, wie zum Beispiel, wenn er von dem wunderbaren Festessen am Johannistag bei der Großloge in Amsterdam berichtet: »Es war eine besondere Ehre, denn entgegen allen Regeln der Freimaurerei hatten dort nur die vierundzwanzig Mitglieder Zutritt. Das waren die reichsten Millionäre der Börse.« Die Verbindungsmänner übermitteln den Logen in der Provinz und im Ausland Anweisungen, leiten Anfragen weiter und kümmern sich um die Propaganda. Diese mit Reisen verbundene Mission und die hohe Entschädigung dafür, die aus einer schwarzen Kasse kommt, scheinen wie geschaffen zu sein, die unglaubliche Ruhelosigkeit und grenzenlose Ausgabenfreudigkeit des Verschwenders zu befriedigen.

Giacomos großer Auftritt findet künftig bei Tisch statt, der für den Reisenden die Bühne aller Verhandlungen, die Arena jeder Art von Sinnenlust wird. Mit charmanten Worten lädt der geheimnisvolle Vagabund nur Männer an seine Tafel, die ihn amüsieren, und Frauen, die ihn anziehen: »Ich hoffe, Sie besitzen nicht die Grausamkeit, mich allein speisen zu lassen.« Da er gute Sitten und Gaumenfreuden wohl dosiert, erntet er den Beifall seiner Gäste, und wenn er sich als »großer Esser« bezeichnet, meint er »Connaisseur«.

Mit einer großen Equipage verläßt Jacques Frankreich und sucht Abwechslung in allen möglichen weltlichen Genüssen. Unter den liebreizenden Augen der schönen Madame X., der Gattin eines deutschen Bürgermeisters, organisiert er einen vornehmen Empfang in Brühl. Zu diesem Zweck mietet er ein Lustschloß im Schloßpark des Kurfürsten von Köln: »Dieses mit Geschmack ausgestattete kurfürstliche Schloß stellte eine Nachbildung eines Trianon dar. In einem großen Saal sah ich einen Tisch, der für vierundzwanzig Personen gedeckt war. Das Besteck war aus vergoldetem Silber, das Geschirr aus Porzellan, und auf der Anrichte standen Silberschüsseln und große vergoldete Platten. Auf der anderen Seite des Saals befanden sich auf zwei weiteren Tischen Flaschen mit den berühmtesten Weinen Europas und Desserts aller Art. Als ich dem Verwalter sagte, daß ich der Gastgeber sei, erwiderte er, daß ich zufrieden sein werde. Es gebe nur vierund-

»Da wir uns den ganzen September in diesem Landstrich aufhielten, kam ich in den Genuß, elf Nächte in Folge mit Lucie zu verbringen.«

zwanzig kalte Platten, dazu aber weitere vierundzwanzig Platten mit Austern aus England und ein Dessert, das den ganzen Tisch bedecken werde.« Der Cocktailempfang, wie man heute sagen würde, verläuft in angeregter Stimmung, wie immer, wenn Casanova eine Liebeskomödie inszeniert: »Die Austern aus England gingen erst nach der zwanzigsten Flasche Champagner zu Ende. Die Hauptmahlzeit wurde aufgetragen, als die Gesellschaft bereits angetrunken war. Dieses Mahl, das aus gutem Grund nur aus Vorspeisen bestand, war eines der erlesensten Diners. Es wurde kein Tropfen Wasser getrunken, denn Rheinwein und Tokajer müssen ohne Wasser getrunken werden. Bevor das Dessert aufgetragen wurde, stellte man eine riesige Platte mit Trüffelragout auf den Tisch. Man folgte meinem Rat und trank Maraschino dazu.«

Ein solch gelungener Abend begünstigt weitere amouröse Abenteuer. Einige Tage später fordert Madame X. Jacques auf, sich mittags in dem geheimen Treppenaufgang der Kapelle der Klarissinnen einschließen zu lassen, die sich direkt neben ihrem Haus befindet. Er dürfe weder husten noch rauchen, um keinen Verdacht zu erwecken. Was gibt es Erregenderes als die Wünsche einer Frau, die man heftig begehrt! Um ihm die Wartezeit möglichst angenehm zu gestalten, hat seine reizende Freundin einen Imbiß bereitgestellt: »Ich erblickte auf halber Höhe der drei Treppen Servietten, Gedecke, kleine appetitanregende Speisen, Flaschen, Gläser, einen Rechaud und eine Flasche Spiritus. Außerdem gemahlenen Kaffee und Zitronen, Zucker und Rum für den Fall, daß ich Lust verspürte, einen Punsch zuzubereiten.«

Zum Essen gibt es geschmorte Schweinshaxe, aber ohne diese ordinären Erdfrüchte, die Kartoffeln, eine Beilage der Deutschen, über die sich ihre elsässischen Nachbarn lustig machen. Die aus Südamerika eingeführte *papa*, aus der die *patata* wurde, ist seit dem 17. Jahrhundert auf der Iberischen Halbinsel, den Britischen Inseln und den Staaten in Mitteleuropa verbreitet. Bei den veronesischen *gnocchi*, einem aus Mitteleuropa stammenden Rezept, das bis zu den Ufern der Adria bekannt ist, ersetzt die Kartoffel das Mehl. Doch Frankreich, das durchaus auch an Lebensmittelknappheit leidet, zeigt kein Interesse daran, denn gewöhnlich werden damit nur die Tiere auf Bauernhöfen gefüttert oder Gefangene verköstigt, obwohl der Name – *tartoufli* in Italien, *tartoufle* oder *cartoufle* in Frankreich, ohne die deutsche, russische oder rumänische Bezeichnung zu berücksichtigen – eine Namensverwechslung mit den Trüffeln nach sich zieht. Die Landbevölkerung macht die Kartoffel sogar für die Verbreitung der Lepra oder Pellagra verantwortlich und ist der Ansicht, daß sie Blähungen verursache und weder Geschmack noch Konsistenz besitze. Verrät dies das ewige gallische Mißtrauen gegenüber Neuem, das eine Veränderung der Gewohnheiten erst nach langwierigen Vorsichtsmaßnahmen oder gar zum Preis von Revolutionen möglich macht? Als sich Casanova in der Hauptstadt aufhält, besteht der einzig gelungene Versuch, die Pariser an dieses Nahrungsmittel zu gewöhnen, in den Konzessionen, die fliegenden Händlern erteilt werden. Diese stellen ihre Kessel in den Einbuchtungen des Pont d'Henri IV auf und bieten ihre in Fett geschwenkten Kartoffeln unter einem anderen Namen an. Sie heißen jetzt Pont-neufs und sind die Vorläufer der Pommes frites.

Im Jahr 1779 beginnt man sich dank der Initiative Ludwigs XVI., des einzigen Anhängers des Apothekers und Agronomen Antoine Parmentier, endlich für dieses Gemüse zu interessieren. Der König stellt dem Apotheker ein Gelände zur Verfügung, auf dem dieser die stärkehaltige Kartoffel anbaut und das tagsüber von bewaffneten Soldaten bewacht wird. Nachts füllen sich Diebe damit die Taschen, da sie von dem unschätzbaren Wert ihrer Beute überzeugt sind, und verbreiten die Neugier, das neue Nahrungsmittel ebenfalls kennenzulernen. Der französische Hof unterstützt diesen neuesten kulinarischen Trend, indem er die Kartoffelblüte als Dekoration auf den Fayencen von Moustiers oder den Geweben von Oberkampf verwendet, bevor die kulinarischen Künstler des nachfolgenden Jahrhunderts, des goldenen Zeitalters der bürgerlichen Gastronomie, diese Knolle aufwerten und sie »salonfähig« machen.

Ein mysteriöser Streit mit Falschspielern in Stuttgart zwingt Casanova, das Land der Herzöge von Württemberg zu verlassen und sich nach Zürich zu begeben. Der Venezianer hat sich noch nicht daran gewöhnt, daß Abenteurer oft einen hohen Preis zu zahlen haben. Das Gefühl, ungerecht behandelt worden zu sein, treibt ihn zu extremen Reaktionen.

Im Schatten des philosophischen und technischen »Fortschritts« der Aufklärung nehmen Exorzismus, Aberglauben und Wahrsagerei, oft von Fanatismus begleitet, in Europa einen neuen Aufschwung. In Paris verbrennt man die Enzyklopädie auf dem Scheiter-

Mittagsmahl in Sans-Souci, Adolf Menzel

»(...) Das Souper wurde in geordneter Folge, immer zwei Gänge gleichzeitig, aufgetragen. Ich gab zu allem meinen Kommentar ab, aber im Grunde fand ich alles ausgezeichnet, Wildbret, Stör, Trüffeln, Austern und erlesene Weine (...) und alles wurde in feinem sächsischen Porzellan und Silberbesteck serviert.«

haufen. Aber Gelehrte, Philosophen und Freigeister aller Couleur geben nicht klein bei. Von Genf aus wettert Voltaire und ereifert sich über den Prozeß des Protestanten Calas. In Europa finden allerorten wieder Wallfahrten statt. In Italien entdeckt man die Liebe zu alten Kirchen neu. Frömmigkeit liegt in der Luft. Diese Atmosphäre steckt den ehemaligen Seminaristen Casanova an, der, müde und angegriffen, plötzlich das dringende Bedürfnis verspürt, sich in ein Kloster zurückzuziehen. Zufällig gelangt er bei einem Spaziergang zum Kloster Einsiedeln. Der Abt lädt ihn freundlich zum Essen ein: »Er hielt mir während des delikaten Mahls, bei dem es unter anderem Wald- und Sumpfschnepfen gab, salbungsvolle Reden, die mich aber keineswegs langweilten.

›Wie kommen Sie, hochwürdiger Vater, in dieser Jahreszeit zu diesen Schnepfen?‹

›Das ist ein Geheimnis, mein Herr, das ich Ihnen gern verrate. Ich bewahre sie ein halbes Jahr in einem luftleeren Raum auf.‹

Dieser fürstliche Abt war ein Genießer ersten Ranges und ein Feinschmecker, obwohl er nach außen hin gar nicht so wirkte. Sein Rheinwein war ausgezeichnet. Eine Lachsforelle wurde aufgetragen, und lächelnd sagte er zu mir im Latein Ciceros, es sei hochmütig, sie nicht zu essen, weil sie nur ein Fisch sei, und verbrämte seinen Sophismus sehr gut.«

Zu diesen köstlichen Tafelfreuden, den formvollendeten Manieren und geistigen Fähigkeiten seines Gastgebers Nikolaus II. kommt als Verlockung noch eine reich bestückte Bibliothek hinzu, denn solcherart Genießer frönen nicht nur den Gaumenfreuden. Giacomo, ein Mann der Aufklärung, der über die neuesten wissenschaftlichen Fortschritte und philosophischen Strömungen stets im Bilde ist, weiß dieses intime intellektuelle Vergnügen zu schätzen, das noch gesteigert wird, weil er seinem Gastgeber Paroli bieten kann. Nicht zuletzt wird diese Stätte der Ruhe durch ein prächtiges Barockdekor abgerundet: »In diesem Augenblick kam mir die Idee, Mönch zu werden.« Doch die haarsträubende Beichte der Verfehlungen des Möchtegern-Novizen bewegt den Abt dazu, ihm vorzuschlagen, sich vierzehn Tage lang in den nächstgelegenen Gasthof zurückzuziehen, um noch einmal über diesen Schritt nachzudenken.

Am 13. Tag dieser selbstgewählten Isolation steigen vier edle Personen weiblichen Geschlechts im selben Gasthof ab. Sie kommen gerade von einer Pilgerreise. Seelenverwandtschaft? Kaum erblickt der Venezianer sie, verliebt er sich in eine von ihnen, die wie eine Amazone gekleidet ist. Als er sieht, wie der Kellner sich anschickt, den Damen das Essen aufs Zimmer zu bringen, besticht er ihn und bittet ihn, ihm seine Schürze zu leihen, da er selbst die Damen bedienen wolle. Er erfüllt seine Aufgabe bestens, ja, er schnürt sogar der Schönen die Stiefel auf. Doch seine gepflegten Hände und die Spitze, die unter der Livree sichtbar

Vorhergehende Doppelseite
»Ich sagte ihr, daß ich sie im Kloster der Augustinerinnen erwarten würde, da ich etwas mit ihr zu besprechen hätte, und sie kam.«

wird, irritieren die junge Frau so sehr, daß er befürchtet, sein Streich könne entdeckt werden.

Da der Jagdtrieb wieder in ihm erwacht ist, legt der Unverbesserliche sein Meßbuch beiseite. Er fährt nach Solothurn, wo die schöne Amazone zu Hause ist. Dort bedrängt er den Barbier mit Fragen, putzt den hübschen Costa, seinen Diener und Komplizen, herunter, als dieser seine Frisur nicht zu seiner Zufriedenheit arrangiert, und wirft ihm vor, er habe seine Wäsche nicht gut genug gereinigt: Ein Venezianer trägt keinen Kragen von zweifelhafter Sauberkeit. Als Casanova endlich tadellos gekleidet ist, eilt er zu den Salongesellschaften des französischen Gesandten Monsieur de Chavigny, in der Hoffnung, seine Amazone wiederzusehen. Er entschließt sich, ein Haus zu mieten. Solothurn wird eine der erfreulichsten Erinnerungen seines Lebens, eine seiner letzten Glücksperioden, in denen er über die Mittel verfügt, einer Dame des Hochadels den Hof zu machen. Mit Unterstützung einer reizenden Haushälterin empfängt Jacques die vornehme Gesellschaft, unter der sich natürlich die elegante Amazone und ihr Gatte, Baron de Rolle, befinden: »Es war ein rauschender Ball. Auch das Souper, das man auf zwei Tische mit je dreißig Gedecken verteilt hatte, war exquisit. Des weiteren labten sich mehr als hundert Personen an dem Büffet.« Wie in vielen Liedern endet die Geschichte, wie sie begonnen hat – als Farce: Wer andern eine Grube gräbt, fällt selbst hinein. Als der Betörer glaubt, endlich seine Angebetete erobern zu können, fällt er einer liebestollen Verehrerin zum Opfer, die eifersüchtig auf die Schöne ist und die Dunkelheit der Nacht nutzt, um an ihre Stelle zu treten. Die durchtriebene Frauensperson hinterläßt ihm als Erinnerung eine peinliche Krankheit, die er an einem anderen Ort auskurieren muß, um nicht zum Gespött der Stadt zu werden.

Jacques nutzt seine Genesungszeit, um seine übrigen Gelüste zu befriedigen. Er besucht die Bibliotheken und literarischen Versammlungen, denn bei Casanova geht Vergnügen Hand in Hand mit Nachdenken und geistiger Anstrengung. Der Venezianer freundet sich mit Albrecht von Haller an, einem berühmten Naturforscher, Arzt und Schriftsteller. Dieser gelehrte Mann ist im gleichen Maße puritanisch wie sein Gast ausschweifend. Der Feinschmecker stellt fest, daß dessen Tafel reich gedeckt, aber schlicht ist. Der Gastgeber trinkt nur Wasser, doch zum Dessert genehmigt er sich ein Gläschen Likör. Diese Enthaltsamkeit tut jedoch der Freundschaft der beiden Männer keinen Abbruch, die bis zum Tode Hallers in Briefkontakt bleiben. Sie vermeiden es, über Voltaire, einen Feind Hallers, zu diskutieren, den Giacomo, der sich niemals auf eine Meinung festlegt, kurz darauf kennenlernen sollte.

»Dies ist der glücklichste Augenblick meines Lebens«, sagt Jacques Casanova zu Voltaire bei der ersten Begegnung. Der Patriarch von Europa behält diese Worte im Gedächtnis. Zwischen Voltaire, dem kränklichen, spottlustigen und eher genügsamen alten Mann, und Casanova, dem geschwätzigen, sinnenfrohen Reisenden, gibt es ebensoviele Gegensätze wie Gemeinsamkeiten: Freunde, europäische Aufenthaltsorte, willkürliche Verbannungen oder Gefängnisaufenthalte, die Liebe zum Theater, eine tiefe Abneigung gegen Langeweile und schließlich die Freude an erlesenen Gaumenfreuden, denn der Philosoph empfängt häufig Gäste, die er fürstlich bewirtet. Casanova ist begeistert, das Essen ist hervorragend. Es wird auf Tafelsilber mit den Initialen des Gastgebers aufgetragen, einem blauen Wappen mit drei Goldflammen. Die Accessoires sind aus vergoldetem Silber, die Speisen zeugen von hoher Qualität. Nicht wie bei Rousseau, der den Venezianer damit verärgert hat, daß sich Madama d'Urfé in ihn verliebte. Die Gerichte für zwei Gedecke, die von fünf Domestiken in Livree serviert werden, ohne Unterstützung durch fremde Lakaien, erweisen der sprichwörtlichen Höflichkeit und Lebensart des Hausherrn alle Ehre.

Schließlich streut Voltaire noch eine Prise Salz in die Diskussion, die um die Jahrhundertwende zur kulinarischen Weiterentwicklung beiträgt. »Ich gestehe, daß sich mein Magen keineswegs an die neue Küche gewöhnt. Ich kann mir kein Kalbsbrieschen vorstellen, das in einer salzigen Sauce schwimmt. Ich kann auch kein Haschee aus Indischem Huhn, aus Stall- oder Feldhase essen, das man mir als eine Fleischsorte verkaufen möchte. Ich mag weder entbeintes Täubchen noch Brot ohne Kruste. Unerträglich, wenn die Köche Speisen, die an sich sehr bekömmlich sind, mit Schinken, übermäßig vielen Morcheln, Pilzen, Pfeffer und Muskat verfälschen.« Diesen Wunsch nach Ursprünglichkeit der Speisen kann Jacques nur befürworten. Der Philosoph macht seinem Gast verlockende Angebote: »Sie sollten kommen und die Forellen aus unserem See probieren.« »Ein Truthahn mit Trüffeln aus Ferney, zart wie ein junges Täubchen und fett wie der Bischof von Genf, erwartet Sie.« Voltaires Lieblingswein ist der Beaujolais. Er bestellt davon Tausende von Flaschen. Doch

»(...) Die Nonne wird Ihnen eine Villa in Murano angeben, wo Sie sie allein in der ersten Stunde der Nacht an dem von Ihnen gewählten Tag antreffen werden. Sie können dort mit ihr zu Abend speisen oder eine Viertelstunde später aufbrechen, wenn Sie woanders zu tun haben.«

der Sohn eines Notars, der ebensogut rechnen wie schreiben kann, beklagt sich über Diebereien: »Den Kutschern, die mir fünfzig Flaschen ausgetrunken haben, kann ich nicht kündigen.«

Casanova macht sich erneut auf den Weg, macht dort halt, wo er kann, und nicht unbedingt dort, wo er will, denn im 18. Jahrhundert gestaltet sich das Leben eines Reisenden keineswegs besonders angenehm. Das Reisen in Kutschen entbehrt nicht einer gewissen Geselligkeit. Im Winter muß man das Gefährt aus dem Schnee ziehen und bis zu den Knien im Schnee oder Matsch nebenher stapfen. Im Sommer kommt zu der Hitze noch der Staub, den die Pferde aufwirbeln. Die Wege sind oft zu sandig oder zu steinig, so daß man hin und wieder aussteigen muß. Hinzu kommen die üblichen Mißgeschicke, daß das Gepäck naß wird oder vom Dach kullert, beschädigt wird oder verlorengeht.

Außerdem kann es passieren, daß ein Stein die Scheiben zertrümmert, wodurch die Reisenden schutzlos den Witterungsverhältnissen ausgesetzt sind, oder daß die Radachsen brechen. Die Postillons pflegen sich zu betrinken, um gegen Kälte und Müdigkeit anzukämpfen, und kommen häufig vom Weg ab. Die Pferde ziehen sich Verletzungen zu, die Wagen kippen um, und die Fahrgäste kommen zu Schaden. Jacques hat eine Meisterschaft darin entwickelt, solche unvermuteten Ereignisse vorherzusehen: Innerhalb von zwanzig Jahren hat er sich lediglich einmal die Schulter ausgerenkt.

Es ist fast unmöglich, täglich eine bestimmte Distanz zurückzulegen, und am geplanten Tag am Ziel anzukommen bleibt eine Glanzleistung.

Die französischen Postkutschen gelten als erstaunlich schnell: Im Sommer benötigen sie von Paris bis Lyon fünf, in der schlechten Jahreszeit sechs Tage. In Italien sind die Fürstentümer, Republiken oder mittleren Herzogtümer eine gute Tagesreise voneinander entfernt; um unliebsame Vorfälle zu vermeiden, fahren die Kutscher im Schrittempo.

In dem politisch noch nicht geeinten Deutschland sind Verspätungen an der Tagesordnung, und bei Regen oder Schnee – also die Hälfte des Jahres – sind die Wege unpassierbar. Die unzähligen Zollstationen bedeuten eine weitere Verzögerung, ganz zu schweigen von den kriegerischen Auseinandersetzungen, von denen Europa sieben Jahre lang heimgesucht wird und die zu beschwerlichen Umwegen zwingen. Wenn man auf dem Wasser reist und auf einem Kaufmannsschiff mitfährt, muß man manchmal mit anpacken und immer bei der Verteidigung helfen. Schiffsreisen im Mittelmeer, bei denen man den Kampf gegen die Elemente, die Unbequemlichkeit eines schmutzigen Decks und das Schlingern, ja sogar Angriffe von Seeräubern und dalmatinischen Uskoken in Kauf nehmen muß, sind keineswegs mit einer Kreuzfahrt unserer Tage zu vergleichen.

Doch zum Glück für den Reisenden gibt es in die-

Rechte Seite
Der Besucherraum des Klosters,
Francesco Guardi

»Zur Zeit des Karnevals ist es in Venedig in den Nonnenklöstern erlaubt, sich einem unschuldigen Vergnügen hinzugeben. Man tanzt im Besucherraum und beobachtet durch die vergitterten Fenster das schöne Fest.«

ser Zeit keine große Hungersnot. Zwar diktiert Paris die Mode in Europa, doch ist das, was das Volk zu sich nimmt, nicht zu vergleichen mit den Pariser Banketten oder den Gelagen von Versailles. Egal, wo Jacques sich gerade aufhält, er findet immer etwas zu essen: »Das ganze Haus schlief, aber der Lärm, den ich machte, und das Geld, das ich den Dienern zuvor gegeben hatte, bewog sie, Feuer im Kamin zu entfachen. Wir waren völlig ausgehungert. Man sagte uns, es gebe nichts zu essen, aber ich hörte nicht auf den Wirt: Es gab Butter, Eier, Makkaroni, Reis, Parmesankäse, Brot und guten Wein.« Und wenn es guten Wein gibt, gewinnt sein sonniges südländisches Temperament die Oberhand. Gleich beim Einkehren weist Giacomo darauf hin, daß er »Feinschmecker sei und keineswegs geizig; man müsse ihm die exquisitesten Weine bringen«. Er meint damit vor allem Weißweine wie jene aus seinem heimatlichen Venetien, aus Burgund, vom Rhein oder aus der Champagne – Wein von edler Farbe, mildem Geschmack, mit wenig Gerbsäure und feinem Aroma, der den Geist beflügelt. Als routinierter Weinliebhaber prüft Giacomo den Wein zuerst mit den Augen und zeichnet sich dadurch als »Gourmet« aus, wie die Weintester genannt werden. Gemäß dem Sprichwort »Weißwein in den Schlössern, Rotwein in den Strohhütten« findet der einheimische blutrote Wein, der einen herben Geschmack und einen hohen Alkoholgehalt besitzt, der allzuoft gepanscht, fermentiert oder verwässert wird, nicht seinen Beifall. Dieser Wein ist ein Getränk für die Bediensteten, für die ungehobelten Arbeiter und Bauern, die ihn fast schwarz zu sich nehmen wie das Brot, im Gegensatz zu dem alltäglichen billigen Wein, den sie auf den Feldern trinken und der Produkt einer vierten oder fünften Kelterung ist. Dieser Wein macht nicht so schnell betrunken, stillt den Durst besser als Wasser, und ist dazu noch keimtötend.

Lange Zeit besitzt der elegante Seingalt einen eigenen Wagen, der leicht, schnell und zerlegbar ist. Dieser erleichtert und verkürzt das Reisen, ermöglicht es ihm sogar, manche Strecken in Rekordzeit zurückzulegen, wie etwa die Fahrt über die Alpen im Winter: Mit nur sieben Maultieren schafft er es, in drei Tagen mit seinen Koffern und seinem zerlegten Gespann den Sankt-Bernhard-Paß zu überqueren! Manchmal erwirbt er ein Pferdegespann, das er nach einer langen oder ungewöhnlichen Reise wieder verkauft, für die ein eigenes Gespann jedoch unverzichtbar ist. Alles wird schwieriger, wenn man die Hauptstraßen verläßt, denn hier wimmelt es von Straßenräubern. Die Engländer, erfahrene Reisende, tragen zwei Börsen bei sich, eine kleine, die sie den Strauchdieben zuwerfen und die so reichlich gefüllt ist, daß diese zufrieden sind, und die eigentliche, die gut versteckt ist. Giacomo regt sich über derartige Zwischenfälle mit ungewissem Ausgang nicht mehr auf. Da er es leid ist, geprellt zu werden, unternimmt er den kühnen

Versuch, die Straßenräuber zu verjagen, indem er auf sie schießt, zur großen Aufregung des Postillons.

Mit einem eigenen Wagen hat Casanova kein Vorrecht an den Poststationen, wenn er Kutscher oder Pferde wechseln möchte. Das sind unangenehme Nachteile, die die Reisezeit verlängern und die Kosten erhöhen. Ein erfahrener Weltenbummler wie Jacques wählt seine Route nach der Qualität und Berühmtheit jener Gasthöfe aus, die gewissermaßen die Vorläufer der heute üblichen Mehr-Sterne-Hotels sind.

Wie Casanova in seinen Memoiren berichtet, bietet das Reisen jedoch auch viele Annehmlichkeiten. Von einem Mann, der Europas Gasthöfe und Schenken durchprobiert hat und bis zu dreimal pro Woche den Ort wechselt, dürfen wir nicht erwarten, daß er uns sein Lieblingsrezept für Hasenpfeffer verrät, aber hören wir ihn selber: »An der Tafel des Hôtel du Parc fühlte man sich wie im Schlaraffenland. Auch die Gäste waren recht angenehm; sie gefielen mir wegen ihrer Unterschiedlichkeit.«

Diese gemütlichen Gaumenfeste skandieren die Seiten von Casanovas Memoiren mit der Regelmäßigkeit eines Metronoms. Er versteht es, sie mit heiterer Genüßlichkeit zu beschreiben, mit Worten, die einem das Wasser im Mund zusammenlaufen lassen. Ab und zu wird er überrascht von einem neu entdeckten Gericht, das ihm vorzüglich mundet, einer berühmten regionalen Spezialität oder dem Meisterwerk eines erfahrenen Kochs. Dennoch läßt sich der Feinschmekker niemals zum Snobismus einer kulinarischen Mode oder der Gefräßigkeit eines Rabelais verleiten – trotz der zwielichtigen Orte, die er manchmal aufsucht. Die Speisen interessieren ihn nur, wenn sie auf italienische Art zubereitet werden, mit frischen Zutaten mit natürlichem Aroma, ohne unsinnige Beimischungen, und er verachtet jene Gerichte, die nur einem vorübergehenden Trend zu verdanken sind und nicht wirklich den Gaumen befriedigen: Bei Casanova dominiert stets der Südländer über den Dandy.

Mit derselben frohsinnigen, natürlichen Naschhaftigkeit wählt der Fürst der Lust seine kleinen Bräute. Wenn er es eilig hat, begnügt er sich mit einer schnellen Eroberung und gewinnt Zeit durch Weglassen der Präliminarien. »Der Kuß ist nichts anderes als Ausdruck des Appetits«, meint er. In der einzigen Mahlzeit des Tages, die er sich auf Reisen gönnt, faßt

Die Morgenschokolade,
Pietro Longhi

Rechte Seite
»Übrigens erinnere dich stets daran, daß dir der Genuß von Eiweiß für immer untersagt ist, denn deine wertvolle Gesundheit braucht weniger Genuß und mehr Stabilität.«

er, der Südländer und Epikureer, der die Einsamkeit fürchtet, alle Freuden zusammen. Das tägliche Mahl wird zum Vorspiel oder Intermezzo für seine Liebesabenteuer: »Da ich nicht gern alleine speise, habe ich zwei Gedecke bestellt. Véronique verdiente, nachdem sie mit uns gespeist hatte, diese Ehrerbietung.« Diese Anekdoten aus dem Schlafzimmer haben nur eine kurze Handlung, nämlich die des Vollzugs, und sind eine Schlemmerei der Sinne analog dem vorhergehenden oder nachfolgenden Souper; ihre Kürze schließt weder die Wollust noch die Güte aus. So ist jede Etappe der Reise durch einen weiblichen Vornamen gekennzeichnet und eine Speisenfolge, die mit der Genauigkeit eines Reiseführers beschrieben wird. Denn der Venezianer zeichnet sich durch seine Lebensart aus, die er durch seine Phantasie, durch seine unermüdliche Improvisation und durch seine Heiterkeit täglich neu erschafft.

Da der Verführer jetzt keine gesellschaftliche Position einnimmt, hat er nicht mehr die Gelegenheit, Frauen der obersten Gesellschaftsschicht den Hof zu machen. Auf jeden Fall preist der Genießer künftig weder in bezug auf das Essen noch auf das Bett extreme Urwüchsigkeit oder Verfeinerung: »Diese fünf Mädchen waren wie fünf ausgezeichnete Ragouts, die ein Feinschmecker unbedingt genießen will.« Eigentlich zieht Casanova lange gekochten Ragouts grüne, säuerliche Früchte vor.

Der Rhythmus ändert sich, wenn er sich mehrere Wochen in einer Stadt aufhält. Gleich zu Anfang wendet er sich an den Barbier, die schärfste Zunge der Stadt, eine Informationsquelle, die ergiebiger ist als die neueste Gazette. Wie in Venedig sind die Spiel- und Theatersäle die Mittelpunkte des städtischen Gesellschaftslebens in Europa. Dort trifft er ausgemachte Schurken, frivole Lebemänner, selbstvergessene Bonvivants, Freunde aus allen Schichten sowie Künstler, die in ganz Europa auftreten. Oft sind es Italiener aus alten Dynastien, die er seit seiner Kindheit kennt. Im Theater kehrt der Schauspielersohn zu seinen Wurzeln zurück, erkundigt sich nach dem neuesten Klatsch und den Debütantinnen. Er bekommt Lust, sich auf die Jagd nach einer jungen Halbweltdame, einer Tänzerin zu begeben, die seine schlummernde Leidenschaft entfachen kann, oder nach einem jungen, unerfahrenen, koketten Mädchen, »einem Schaf, das einem ausgehungerten Wolf zum Opfer fallen könnte« – ein Mädchen, das noch verzweifelt gegen seine Gefühle und seine Scham ankämpft, sich dann aber mit der ganzen Glut seiner unverdorbenen Großzügigkeit hingibt.

Der Pygmalion, der sowohl Zärtlichkeit als auch Dankbarkeit verlangt, vermittelt seiner Eroberung die Grundbegriffe der feinen Lebensart. Die Tafelfreuden, die das Liebesspiel und alle Liebeshändel einleiten, stehen ganz oben auf dem Programm: »Mein Herz, solltest du den Fehler haben, kein Leckermaul

zu sein?« fragt er gleich zu Beginn, wenn er fürchtet, einen Mangel an Temperament zu entdecken. Engstirnige Genügsamkeit ist ohne Reiz, genau wie ein kümmerliches Dekolleté oder ein schlecht garniertes Gericht. Schließlich werden das Mahl und der Erfolg der Gastgeberin durch die Konversation bestimmt: Vergessen Sie die Gefräßigkeit und das lautstarke Kauen, vermeiden Sie es, bei einem Schluckauf zu glucksen, hüten Sie sich auch vor einer feuchten Aussprache im unpassenden Moment und davor, daß Ihnen ein Haar in die Sauce fällt. Für den Mentor bedeutet dies ständige Arbeit.

Es ist ihm auch ein Anliegen, seinen Schützling vor den trügerischen Ausschweifungen zu warnen, die die Unschuldigen ins Verderben reißen, wenn einmal ihr Feuer erloschen ist. Doch er warnt sie auch vor einem zu prüden Lebenswandel, der noch schädlichere Auswirkungen hat. Er vergißt auch nicht, auf unvermeidliche Vorsichtsmaßnahmen hinzuweisen, auf Präservative, »dünne Überzieher aus England, aus Haut gemacht, aber ich könnte mich nie dazu entschließen, mich glücklich zu machen, indem ich mich mit toter Haut umhülle.« Statt dessen bietet er ein anderes Verhütungsmittel an: »Goldkugeln, die während des Liebesspiels auf den Boden der Liebeskammer gelegt werden, denn die abweisende Kraft dieses Metalls verhindert die Fruchtbarkeit« – aber nicht die Syphilis. Die Lektion geht weiter. Casanova kümmert sich um die Aussteuer der Schönen und dann, liebevoll und großzügig, um die Mitgift: zwei oder drei Schmuckstücke, ein Spielgewinn, ein paar Louisdor, Zechinen, Maravedi, Dublonen, Taler, Dukaten, Rubel, Guineen, Gulden, mit denen der Reisende das ganze Jahr über zu tun hat. Der Tutor, der sich selbst beglückwünscht, weil er sich so gut um die Zukunft des jungen Mädchens kümmert, das heißt, um einen Nachfolger, gibt die Nymphe an jeden Mann weiter, der sie begehrt – und den sie, obgleich sie ihn finanziell ein wenig ruiniert, bestimmt glücklich macht. So läßt er die Novizin der Liebe im Glauben, sie habe über den flüchtigen Liebhaber triumphiert, und der Verführer macht sich auf, um sich anderweitig ein neues Opfer zu suchen, während zahlreiche dieser Dulcineen künstlerischen Erfolg ernten oder sich gut verheiraten.

»Zufällig fiel eine schöne Auster, die ich ihr reichte, indem ich die Schale an ihre Lippen führte, auf ihren Busen; sie wollte danach greifen, doch ich habe sie mit Nachdruck für mich gefordert.«

In der Chronik des Venezianers verbergen sich zwischen den Zeilen die großen gesellschaftlichen Gedankenströme des Jahrhunderts. Dieser Zeitgeist behagt ihm, »denn er basiert auf gutem Geschmack und nicht auf Moral«, wie Madame de Genlis bemerkt. Als wohlwollender Menschenfreund, als Gentilhomme mit guter Konstitution, als südländischer Epikureer, lehrt er mit der ganzen Beredsamkeit, die er zu entfalten vermag, seine Lebensmaxime – lieben und essen: »Wir leiden Hunger, um die Ragouts besser genießen zu können; wir schieben den Genuß der Liebe auf, um ihn intensiver zu machen. Es stimmt jedoch, daß man

»Obwohl ich niemandem bekannt war, stellte man mich der Marquise Corti vor; in ihrer großen Theaterloge empfing sie alle Fremden, die so aussahen, als wären sie bedeutend.«

oft an einer Magenverstimmung stirbt oder daß wir uns in der Liebe durch Trugschlüsse täuschen lassen; aber wir gehen gern all diese Risiken ein.«

Die stolze Haltung und die Redegewandtheit des Reisenden, der in einen Umhang aus Vikunjawolle gehüllt ist, beeindrucken lediglich die Hausmädchen und die Komparsinnen. Mit der donnernden Stimme eines Heerführers oder der salbungsvollen eines Kardinals erregt der verschwenderische Casanova Aufsehen, wenn man der charmanten schottischen Gräfin Marie de Nairne Glauben schenken darf, die dem Chevalier Ramsay, einem bedeutenden Freimaurer, folgende Begegnung im Gasthof schildert: »Gegen fünf Uhr nachmittags traf dieser beeindruckende Reisende mit seinem Bediensteten in einem Wagen im Hôtel du Parc ein. Er machte einen Höllenspektakel, da man ihm nicht das Zimmer gab, das er, wie er behauptete, bestellt hatte. Aber bei Tisch verhielt er sich schon bei den Vorspeisen sehr charmant und schmückte seine Reden über die verschiedensten Themen geistvoll aus. Wir hingen an seinen Lippen. Vor dem Zubettgehen bot der erstaunliche Unbekannte den Damen Bonbons an, und Monsieur d'Agis konnte sich endlich, wie er es wünschte, mit ihm unterhalten. Es war Monsieur Casanova, ein angesehener Venezianer.« Dieser begab sich anschließend nach Chambéry.

Eine junge Nonne, die Namensvetterin einer seiner venezianischen Amouren, M. M., hat bereits einmal den Weg des Verführers gekreuzt. Er überrascht sie im Kloster, bietet ihr zwölf Pfund Schokolade an und erwägt, sie zum Essen einzuladen. Die Äbtissin hat keine Einwände, ja, erklärt sich sogar bereit, selbst das Mahl zu organisieren. Jacques kümmert sich um die Weine; seine Bediensteten sollen als Mundschenke fungieren, wie bei einem Souper in der Stadt, bei dem man in Begleitung seines Lakais erscheint, der die alkoholischen Getränke vom Büffet serviert, während das Glas in einem Kühler steckt, bis ein durstiger Gast danach greift. Durch diese Sitte wurde vermieden, daß im Eifer der Unterhaltung der Inhalt einer Flasche über das Kleid einer koketten jungen Frau gegossen wurde. »Der Tisch bot einen schönen Anblick. Es waren zwölf Gäste anwesend, zwei Drittel davon befanden sich auf der anderen Seite des Gitters, denn die Nonnen, darunter auch meine Klosterfrau, waren zu acht und wir nur zu viert; das Gitter trennte uns, aber insgesamt wirkte der Tisch wie eine Einheit. Ich saß neben M. M., aber es war vergebliche Liebesmüh, denn zwischen uns befand sich bis in Höhe der Fensterbrüstung eine Mauer. Costa und Le-duc bedienten uns, und die Nonnen wurden von den Laienschwestern versorgt. Die Reichhaltigkeit der Speisen, die Flaschen und die Gespräche bewirkten, daß sich das Essen über drei Stunden hinzog; am Ende waren wir alle betrunken.« Die schüchterne Nonne, die den Zorn des Himmels fürchtet, läßt es damit gut sein.

In Marseille rufen der belebte Hafen, das bunte Völkergemisch, die Lebhaftigkeit der jungen Mädchen, die so sehr denen seiner Jugend gleichen, die vertrauten Küchendüfte in den Gassen, die Gewürze

seiner Kindheit und die Gerüche des südländischen Marktes, die die Sinne reizen, zahlreiche Erinnerungen in ihm wach. Denn nichts ist beständiger als die Geruchs- und Geschmackserinnerung. Zum Glück ist sein Portemonnaie gut gefüllt. Der Venezianer steigt im Gasthof Zu den dreizehn Kantonen ab, einem jener guten Häuser, in denen hübsches Porzellanservice benutzt wird. Er teilt seinem Wirt mit, daß er nur frischen Fisch essen wolle: »Ich wußte, daß die Fische, die man in dieser Stadt serviert bekam, schmackhafter waren als die aus dem Atlantik oder der Adria.« Giacomo ißt kein Fleisch, dieses Mal freiwillig. »Die Meerbarben, die man dort bekommt, und die in Venedig *barboni* und in der Toskana *triglie* heißen, sind einmalig. Die Franzosen nennen sie *rougets*, offenbar weil sie rote Köpfe und Flossen haben.« Er zieht sie gebraten vor, angerichtet mit Gemüse und Olivenöl, einer Haupteinnahmequelle der Grafschaft Nizza. Daneben probiert er auch andere Spezialitäten: »Ich habe Tintenfische gegessen, die man *sipions* nannte. Sie waren ausgezeichnet. Ich habe auch die Aalleber köstlich gefunden, und die Krabben schmeckten delikater als die aus dem Atlantik; ich schlemmte wie Apicius.« Der Feinschmecker genießt auch die Weine aus der Levante und aus Spanien, die man in den Hafenkneipen ausschenkt. Sie sind ganz nach seinem Geschmack, und er wundert sich, naiv wie er sein kann, daß die Bewohner sie manchmal zum Frühstück dem Kaffee und der Schokolade vorziehen.

In Begleitung seiner derzeitigen Braut Rosalie folgt Jacques der Einladung des Marquis de Grimaldi und schifft sich nach der benachbarten Republik Genua ein. Der Venezianer bringt seinem Schützling Italienisch und gute Manieren bei und führt sie in die Welt des Theaters ein. Sie lernt schnell. Die Mahlzeiten stellen eine gute Gelegenheit dar, Spezialitäten kennenzulernen, wie zum Beispiel die Steinpilze, die überallhin in Europa verschickt werden, wo man Pilze neu entdeckt, die zuvor verschmäht worden waren. Manchmal werden sie mit einer Petersiliensoße mit Knoblauch serviert, obwohl die eleganten Italiener diese nur für die Lammkoteletts verwenden, eine besondere

Köstlichkeit. Mit dem Segen ihres Gönners lernt Rosalie, die sich inzwischen ganz manierlich zu benehmen weiß, bei einem dieser Liebesmahle ihren späteren Gatten kennen. »Die Lust nach Abwechslung liegt im Wesen des Tieres«, meint der Reisende lakonisch, packt seine Koffer und wendet sich neuen Ufern und neuen Amouren zu.

Wenn Giacomo eine leckere kulinarische Erfahrung macht oder ihm die jeweiligen einheimischen Spezialitäten munden, notiert er sie als Physiokrat und Feinschmecker in seinem Tagebuch: »Bei meinem Souper staunte ich über den hervorragenden Koch. Ich habe immer geglaubt, man esse nirgendwo so gut wie in Turin, aber auch die hiesige Landschaft liefert ausgezeichnete Gerichte, die geschickte Köche schmackhaft zubereiten. Wild, Fisch, Geflügel, Kalbfleisch, Kräuter, Milchspeisen, Trüffeln, alles schmeckt hervorragend.« In Montpellier ruft Jacques voller Begeisterung aus, dies sei die beste Gegend Frankreichs. Doch bei Orten, die ihn enttäuschen, wie Aix-en-Savoie, einem düsteren Thermalbad der Republik Genua, nimmt er kein Blatt vor den Mund. Narbonne, Béziers und Pézenas entzücken ihn: »Die Bewohner dieses Landes sind heiter und witzig, die Frauen recht anziehend und das Essen ausgezeichnet. Zudem gibt es hervorragende Weine, die die verdammten Weinhändler nicht verpanscht haben.« Sie haben nichts gemeinsam mit den Weinen aus Bordeaux, mit denen man gerade noch Kranke aufpäppeln kann. Die Reiseschriftstellerei, die so gut zu ihm gepaßt hätte, beginnt erst mit den Engländern, die die Grand Tour durch Europa unternehmen, und der Begriff »gastronome« (Feinschmecker) wird erst Anfang des 19. Jahrhunderts von Berchoux, Brillat-Savarin und Grimod de la Reynière erfunden. Der Scharfsinn des Venezianers, der auf allen Gebieten brilliert, hätte es mit diesen professionellen Feinschmeckern sehr wohl aufnehmen können. Ironie der Geschichte: In diesem Metier, das so eng mit seinem Lebensstil verknüpft ist und so wenig ausgeschöpft bleibt, erweist er sich als absoluter Experte. Seine kulinarischen Anekdoten preisen stets die ursprüngliche Einfachheit, und seine südländischen Rezepte sind uns gut vertraut. Diese volkstümlichen Gerichte, die von einem subtilen Gleichgewicht zwischen Geschmack und überlieferter Kochkunst geprägt sind und sich mehr auf die Schmackhaftigkeit des Produkts und die Tradition berufen als auf eine vorübergehende Modeerscheinung, sind durch keine andere Eßkultur verfälscht. Fisch mit Zitrone, gedünstete Karotten, die ihren Geschmack behalten, und Geflügel mit Trüffeln bezeugen die Achtung vor der Tradition und dem Ausgangsprodukt.

Im Schloß Sant' Angelo in der Nähe von Mailand erweist sich Casanova als erfahrener Gourmet. »Das Mahl, das uns Graf Ambrosio servierte, wäre ohne seine pikanten Gerichte ausgezeichnet gewesen, denn die gute Suppe, das gekochte Rindfleisch, das gepökelte Schweinefleisch, die Würste, die Mortadella,

»Wir tafelten bis elf Uhr nachts, plauderten und leerten eine Flasche des göttlichen Likörs aus Grenoble. Er wird hergestellt aus Schnaps, Kirschzucker und Zimt.«

»Ich kaufte zwei Herrenhemden und zwei Damenblusen mit Spitzenverzierungen.«

Rechte Seite
»Es ging auf Mitternacht zu; wir hatten ein hervorragendes Souper genossen (...). Da ich zudem in eine zauberhafte Frau verliebt war und daran dachte, daß Zeit kostbar ist, wurde ich etwas ungeduldig.«

die Milchspeisen, das Gemüse, das Wildbret und der Mascarponekäse waren exquisit. Aber da ihm sein Bruder gesagt hatte, ich sei anspruchsvoll und liebe eine gute Tafel, hat er besonders feine Speisen reichen wollen, die das Schlimmste waren, was man sich vorstellen kann. Da ich aus Höflichkeit davon kosten mußte, verdarb ich mir den Appetit für die guten und natürlichen Speisen; aber ich schaffte rasch Abhilfe, indem ich nach dem Essen meinen Freund aufklärte. Ich überzeugte ihn, daß der Tisch mit zehn einfachen Gerichten ohne raffiniertere Speisen ausgezeichnet und reichlich bestellt sei, und er wiederum brachte dies seinem Bruder bei. Während der ganzen Zeit, die ich dort verbrachte, speiste ich köstlich.«

Sich vor den anderen als Feinschmecker auszuzeichnen, hatte offensichtlich nur ein Ziel: Er will die Gunst der jungen und gebildeten Schwägerin seines Gastgebers erringen, die ihn so bezaubert, daß er ganz prosaisch ihren Liebreiz mit dem seiner Lieblingsgerichte vergleicht: »Hätte mich ihr Hang zur Literatur verliebt gemacht, wenn ich sie nicht vorher schon hübsch gefunden hätte? Leider nein! Ich liebe ein köstliches Gericht und bin ein Feinschmecker, aber wenn es nicht gut aussieht, behagt es mir nicht.«

Entzückt über dieses zusätzliche Vergnügen, das ebenso reizvoll wie unerwartet ist, lädt er die gesellige Runde seinerseits ein: »Ich hatte die ganze Gesellschaft für den übernächsten Tag nach Lodi zum Essen eingeladen. Meine Einladung war in jeder Weise ein Erfolg. Da wir in der Fastenzeit waren, wurde Fisch serviert, der so gut war, daß die Gäste kein Verlangen nach Poularden oder Wild empfanden. Der hervorragend zubereitete Stör mundete allen.« Doch das genügt nicht, die sanfte Hebe zu verführen, und genau das regt den Appetit des Venezianers erst so richtig an. Er läßt sich sofort ein neues Festmahl einfallen, zu dem er, um seine Ambitionen voranzutreiben, auch die Schwestern seiner Dulcinea einlädt: »Bezaubert von der Freude meiner Schönen, setzten wir uns alle mit großem Appetit zu Tisch. Man servierte uns eine Mahlzeit aus Fleisch- und Fischspeisen, wie man sie sich leckerer nicht hätte vorstellen können. Die Austern aus Venedig, die der Zuckerbäcker dem Küchenmeister des Herzog von Modena hatte stiebitzen können, schmeckten uns köstlich. Wir aßen davon dreihundert Stück und leerten zwanzig Flaschen Champagner.« Schließlich gelangt er bei seiner Angebeteten ans Ziel seiner Wünsche.

Casanova folgt einer Einladung eines alten Kumpanen der Pariser Feste, des Herzogs von Matalone, und fährt nach Neapel, der Hauptstadt des Königreichs beider Sizilien. Herculaneum, kurze Zeit nach Pompeji entdeckt, erregt beträchtliches Aufsehen und weckt Interesse für die schöne und turbulente Stadt Neapel, die halb feudalistisch und halb aufgeklärt ist, ein neues Paradies der Oper, deren Kastraten die *ministeriali* aus Schokolade berühmt machen.

Die Küche Kampaniens überzeugt durch ihre Qualität. Der Golf von Neapel, Schauplatz der Festbankette der alten Römer, hat seit jeher die Feinschmecker angezogen. In dieser fruchtbaren Gegend

bedeutet die Verwandlung der gewöhnlichsten Alltagsnahrung in ein köstliches Mahl mehr als ein Vergnügen: Es ist eine Pflicht. Bis zur Perfektion werden die kulinarischen Traditionen mit neuen Produkten verbunden, die der Zufall bringt. Die neapolitanischen Köche haben von der nicht lange zurückliegenden spanischen Besatzung die raffinierte Lebensart der Katalanen übernommen, sowie Lebensmittel der überseeischen Kolonien, wie zum Beispiel die Aubergine. Kampanien hat auch früher als andere die Paprikaschote verwendet, die Anfang des 17. Jahrhunderts gleichzeitig aus West- und Ostindien eingeführt worden ist und die man auf tausenderlei Arten füllen kann. Der dritte, ziemlich bedeutende Beitrag besteht in der Einführung der Tomate, die aus Peru stammt und die man lange Zeit für giftig hielt. Die Süditaliener sind die ersten, die sich für den *pomodoro,* den »goldenen Apfel« interessieren, der sich in ihrem Land so gut akklimatisiert. Sie bereiten daraus ein Püree, um den Fisch zu würzen, und sprechen ihm aphrodisierende Eigenschaften zu, während sich die Bewohner der Provence und Norditaliens nur wenig damit anfreunden können. Sie behaupten, sie schade dem Magen, verwenden sie aber versuchsweise trotzdem bei einigen Rezepten anstelle von Kürbis. Ein Jahrhundert später garnieren die Neapolitaner einen dünnen, mit Öl beträufelten Teigboden mit Tomaten, bestreuen ihn mit Reibekäse und schieben ihn in den Holzofen. Belegt mit Anchovis, wird dieses Gericht später auf der ganzen Welt *pizza* genannt. Doch bis dahin zieht man den *risotto* und die venezianischen *bigoli,* deren nur vage festgestellte Zubereitungsarten sich seit dem 17. Jahrhundert kaum weiterentwickelt haben, der Tomate vor. Die Franzosen warten bis zum napoleonischen Sieg bei Marengo und bis zur Erfindung eines Hühnergerichts gleichen Namens, bis sie die Gemüsepflanze verwenden, deren ursprünglich aztekischer Name *tomalt* in Europa abgewandelt wird.

»In jeder der zweiundsiebzig Pfarreien gibt es eine große Weinstube, *magazzeno* genannt, in der man Wein ausschenkt, die die ganze Nacht geöffnet hat und in der die Getränke billiger sind als in den anderen Lokalen der Stadt, in denen man auch speisen kann.«

Bistroszene, Tiepolo

Casanova hält sich in dieser liebreizenden Oase der Vergnügungen sehr gern auf. Hier bekommt er köstliche, aber einfache und geschmackvolle Speisen serviert, die die täglichen Mahlzeiten zu einem Genuß werden lassen. Zur Abrundung gibt es dann noch Zitronen-, Schokolade- oder Mokkaeis, nach dem er süchtig ist, und unübertreffliche cremige Milchspeisen. Mit Rührung erinnert er sich in seinen Memoiren an die riesigen Kessel voll Makkaroni mit Muscheln, die er beim Herzog von Monte Leone mit Genuß verzehrte. Und er schwelgt in Fischen und Ragouts, in Fischsuppen und anderen göttlichen Nahrungsmitteln, die ein Koch nur hätte verderben können. Dazu gönnt er sich eine *ombra* »Tränen des Vesuv« von typischer hellgelber Farbe und fruchtigem Bukett.

Kurzum, in dieser sonnigen, von den Göttern gesegneten Gegend sagt ihm alles zu: die Zerstreuungen am spanischen Hof, dessen Etikette hier weniger steif ist als in Madrid, die erlesene Gastronomie, der sonnige Humor, die in den Königreichen des Nordens so

»(...) Wir gingen meist auf einem gewöhnlichen Feldweg zu einem Bauernhof, der eine halbe Meile entfernt war.«

begehrten Zitrusfrüchte, die hier auf jeder Terrasse zu finden sind, die Koketterie der weiblichen Gesellschaft und die Aufmerksamkeit, die man ihm schenkt: »In Soreynto ist alles exquisit, Kräuter, Milchprodukte, Rind- und Kalbfleisch, ja sogar das Mehl, das dem Brot und dem Teig einen delikaten, einzigartigen Geschmack verleiht.« Casanova, der es leid ist, immer unterwegs zu sein, erwägt einen Augenblick lang, sich hier niederzulassen. Er würde Donna Lucrezia, die Mutter von Leonilda, einer seiner unehelichen Töchter, heiraten, die er durch Zufall wiedergetroffen hat, und ein Leben führen, in dem er sich mit ganz gewöhnlichen Freuden begnügen würde. Eine Wunschvorstellung, die der heimatlose Reisende immer wieder einmal hegt. Schon viele Gelegenheiten hat es gegeben, seßhaft zu werden. Schon tausendmal hat man ihm Rang und Stellung, Familie, Geld und eine Heimat angeboten. Aber keine Frau hat es je vermocht, ihn festzuhalten, keine seiner Amouren hatte Bestand: »Ich hätte mit dieser charmanten Frau glücklich werden können, aber der Gedanke, mich irgendwo für immer niederzulassen, schreckte mich ab. Ich hätte mir in Neapel ein Stück Land kaufen können, das mir ein Vermögen eingebracht hätte, aber dafür hätte ich eine vernünftige Lebensweise annehmen müssen, die meiner Natur völlig widerstrebte.«

Im Jahr 1763 beendet der Vertrag von Paris die Feindseligkeiten zwischen den europäischen Mächten, und der neue Frieden ermöglicht die Überquerung des »Kanals«. Casanova, mitgerissen von der in Mode gekommenen, politikvergessenen Anglomanie, oder von Motiven getrieben, die er verschweigt, schifft sich nach London ein. Die Hauptstadt König Georgs III., die eine in Europa ungewohnte Toleranz bekundet, läßt ganz neue Erlebnisse erwarten. Doch Casanova wird es dort nicht gefallen.

Das bittere *ale* schmeckt ihm nicht, und er findet auch keinen Gefallen an den alkoholischen Malzgetränken. Auch das Essen findet er abscheulich: »Der

Die Themse am Festtag des Oberbürgermeisters, Canaletto

»Die Insel, die man England nennt, hat eine andere Farbe als die Oberfläche des Festlands. Das Wasser der Themse hat einen Geschmack, der sich von allen Flüssen der Welt unterscheidet.«

Engländer ist ein Hammelesser und spart sich die Ausgaben für die Suppe und das Dessert.« Die Zeiten sind vorbei, da man schottische Köche, deren Sparsamkeit man schätzte, nach Frankreich abwarb. Allmählich gewöhnen sich die Bewohner des Festlands jedoch an die englische Küche, deren Gerichte ihnen zum Teil sehr bekannt vorkommen: *turkey ragoo, beef alamode* oder *fricassee.*

Der Unterschied, der die Franzosen verblüfft, liegt anderswo: Die Kluft zwischen dem Hof- und dem Landadel ist weniger groß als in Kontinentaleuropa. Wie in Venedig wirkt sich auch hier die Zugehörigkeit zu einer sozialen Schicht nicht auf die Eßgewohnheiten aus, und eine Tradition der Hofküche gibt es eigentlich nicht. Zudem ernährt man sich in Großbritannien vor allem von Weidevieh und von Lebensmitteln, die in Schmalz konserviert werden. Diese pflanzliche und tierische Kost sowie deren Zubereitung und Ingredienzen haben nichts gemeinsam mit den in Olivenöl gebratenen Speisen, den Getreidegerichten und südländischen Gemüsevariationen, die Casanovas Gaumen schmeicheln.

Aber das Essen ist nicht sein einziges Problem: Die Mahlzeiten sind auch ein Anlaß zur Geselligkeit, ohne die Essen eine Strafe ist. Giacomo, der kein Englisch versteht, kann weder bei Tisch noch in den Salons brillieren. Seine temperamentvolle italienische Extrovertiertheit fällt inmitten des britischen Phlegmas eher unangenehm auf. Zudem ist das Leben sehr teuer.

Das Gefühl kultureller Fremdheit, der schlechte Fraß, die soziale Isolierung und das harte Klima schlagen ihm aufs Gemüt, zumal er zu allem Überfluß auch noch amouröse Niederlagen erleidet und aufgrund

seiner enormen Ausgaben seine Diamanten verkaufen muß. Doch das Schlimmste kommt erst noch. In London wird vor allem Whist gespielt, das dem Venezianer kein Glück bringt. Dieses Spiel sollte den Ruhm von Lord Sandwich begründen, der sich, um sich keine Glückssträhne entgehen zu lassen, Roastbeef zwischen zwei Brotscheiben kommen läßt – womit das Sandwich geboren ist. Casanova erwirbt sich keinen Ruf dieser Art: Er hat leichtsinnigerweise einen Wechsel in Zahlung genommen, und gibt diesen, der leider ohne Deckung ist, selbst als Zahlungsmittel weiter. Man zieht ihn zur Verantwortung. Das reicht, um an den Galgen zu kommen. Er muß eiligst fliehen.

Jacques ist inzwischen achtunddreißig Jahre alt, und dieser Aufenthalt in England stellt einen Wendepunkt in seinem Leben dar: Das Ende der üppigen,

unbeschwerten Jahre seiner mittlerweile verblühten Jugend ist gekommen, nun beginnt eine einsame, unsichere Zukunft. Casanova zieht die traurige Bilanz seiner Lage als Heimatloser und denkt sogar an Selbstmord. Ein deutliches Indiz seiner seelischen und moralischen Verfassung ist die Tatsache, daß auch sein kulinarisches Urteil den Lebensüberdruß des Heimatlosen und seine Ängste als Abenteurer verrät, während ihn einst der bloße Geruch eines *risotto* in Ekstase versetzt hatte.

Doch nachdem diese düstere Stimmung wieder verflogen ist, erinnert sich der Venezianer an die Kochkünste jenseits des Ärmelkanals. In Siena bittet ihn ein Herr, seine angebliche Gattin, eine hübsche Engländerin, in seinem Wagen mit nach Rom zu nehmen. Dann gibt er seinem Pferd die Sporen und macht sich frech aus dem Staub. Beim nächsten Halt läßt sich Giacomo etwas einfallen, um die verlassene Schöne aufzuheitern. Während sich Betty, die Engländerin, ausruht, macht er sich in der Küche zu schaffen und zeigt dem Küchenchef, wie man *all'inglese* kocht. Er wählt ein zartes Rinderfilet, das er anbraten läßt, kümmert sich um das Eßgeschirr und läßt dann die Bratenscheiben und einen mit Butter verfeinerten Pudding zu der untröstlichen Schönen hinaufbringen. Verblüfft faßt sich diese ein Herz und erkundigt sich, ob der Koch nicht zufällig ein Landsmann von ihr sei. Doch die Wirtin erklärt ihr lachend, daß Giacomo für das Mahl und dessen Zubereitung verantwortlich sei. Aufgemuntert durch das Essen, gerührt durch Casanovas Aufmerksamkeit und getröstet durch die kleine Komplizenschaft zwischen zwei Fremden, legt sie dem Glück keine Hindernisse mehr in den Weg, so daß es nun an ihm liegt, danach zu greifen.

Casanova reist anschließend nach Rußland, wo er sich einige Monate aufhält. Dort hat er wenig Möglichkeiten, sich über das Essen Gedanken zu machen, denn wegen einer Fistel ist er zur Diät gezwungen. Und vielleicht gibt es auch gar nichts über die Speisen zu sagen, da in Sankt Petersburg alle Nahrungsmittel ekelhaft sind, wie eine seiner Bekanntschaften, eine blasse und verträumte junge Frau meint, die kaum etwas zu sich nimmt. Casanova teilt ihre Meinung nicht. In London war ihm alles schlecht erschienen, unter anderem deshalb, weil man nur Englisch sprach. An Sankt Petersburg, dem Venedig des Nordens, wo man gerne und viel feiert und wo die Sprachen, die er radebrecht, ausreichen, um sich zu unterhalten, findet er nichts auszusetzen. Schließlich kann Giacomo nicht ganz Europa schlecht machen: »An der köstlichen Tafel des Hofjägermeisters habe ich den Prediger der Zarin kennengelernt.« Als besonderer Gunsterweis wird Jacques bei Hofe vorgestellt. Und so berichtet er, daß er nirgendwo anders als in Petersburg so köstliche Schnepfen gekostet und noch niemals solch opulente Büffets gesehen habe wie beim Maskenball am Zarenhof. Über das Menü läßt er sich nicht weiter aus. Zu Beginn des Jahrhunderts hat Peter der Große in Rußland im Eiltempo die westeuropäische Kultur eingeführt. Spuren davon finden sich noch in den Eßgewohnheiten der Würdenträger, und Jahrzehnte später brachte Antonin Carême das Bœuf à la Stroganoff und das Wild à la Souvaroff in Mode.

Dem Alkohol wird eifrig zugesprochen. In diesem harten Land berauschen sich die robusten Bojaren an einem alkoholischen Getränk aus Hafer, dem einzigen nicht für Brot verwendeten Getreide, das sie Wodka nennen und mit einer Ausdauer konsumieren, die sogar die blasiertesten Fremden beeindruckt. Die Schießübung mit einer Kanone, aus der zwanzig Schuß pro Minute abgefeuert werden, bietet nur eine der zahlreichen Gelegenheiten, mit Freunden anzustoßen. Der Chevalier de Seingalt wird dazu eingeladen, ebenso der Sekretär der französischen Botschaft, der als höflicher Mensch das Glas hebt, wenn man ihn dazu auffordert, dabei aber den ungarischen Wein mit spritzigem Champagner verwechselt. Innerhalb von zehn Minuten fällt der arglose, zarte Franzose unter den Tisch. Graf Orlow läßt ihn in ein Zimmer tragen, wo er bis zum Abend des nächsten Tages vor sich hindämmert. Zudem hat der Venezianer in Sankt Petersburg ein paar Feinschmecker entdeckt, darunter den griechischen Bankier Demetrio Papanelopolo, der dieselben kulinarischen Traditionen kennt wie er: »Dieser außergewöhnliche Mann, der Frauen, Wein und gute und reichliche Speisen liebte, lud mich zu einem Mahl bei Locatelli im Katharinenhof ein, wo man für einen

Spaziergang, Tiepolo

»Wir waren auf dem Land, in der Nähe von Zero. Wir spielten, machten Liebe und überboten uns darin, Streiche auszuhecken. Diese waren manchmal verletzend, und die Tapferkeit bestand darin, sich über nichts zu ärgern, über alles zu lachen; wenn man keinen Spaß verstand, galt man als Tölpel.«

Rubel pro Kopf (den Wein nicht mitgerechnet) ein ausgezeichnetes Essen serviert bekam.« Und dann war da noch »Il Bonetto« alias Domenico Luini, »ein in seiner Kunst sehr begabter Kastrat, der mir in seinem Haus, in dem köstliche Gerichte aufgetragen wurden, den herzlichsten Empfang bereitete.« Natürlich *all'italiana.*

Sechs Monate später, nachdem keiner seiner phantasievollen Vorschläge hinsichtlich einer Lotterie oder eines Kalenders beim Herrscher auf Interesse stößt und ihm dieser auch sonst keinen Auftrag erteilt, packt Casanova seine Koffer, um sich ins benachbarte Königreich aufzumachen. Da es unterwegs keine Stationen mit Gasthöfen gibt, verstaut Casanova in

Die alte Brücke über den Po, in Turin, Bernardo Bellotto

»Ich betrachte das junge Mädchen mit Aufmerksamkeit, und ich finde sie zu ansehnlich, als daß ich mich, zumal ich alleine mit ihr reise, in den Grenzen gewöhnlicher Höflichkeit halten könnte.«

seinem Wagen Lebensmittel und köstliche Getränke sowie eine Schlafmatratze. Zudem wird er von einem armenischen Kaufmann begleitet, der sich auf die Zubereitung orientalischer Speisen versteht. Der Abenteurer führt unter seinen Vorräten Bouillon in Form von Tabletten mit, die in heißem Wasser aufgelöst werden. Die Engländer, deren Essen besser ist als ihr Ruf, nennen diese Suppe »Taschensuppe«. Zu einem typisch venezianischen Diner lädt Casanova einen italienischen Kapellmeister ein, der in die entgegengesetzte Richtung reist und sich über die Begegnung freut.

Über den nächsten Reiseabschnitt äußert sich Giacomo nicht besonders ausführlich: »Obwohl die Polen heutzutage recht höflich sind, können sie ihr ursprüngliches Wesen nicht ganz verleugnen; sie sind bei Tisch immer noch Sarmaten oder Daker.«

Die Bibliothek des böhmischen Schlosses, in dem der Venezianer seine letzten Jahre verbringt, enthält eine Vielzahl von Reiseführern, aus denen der Memoirenschreiber Bruchstücke abschreibt, wenn ihn seine Erinnerungen und Aufzeichnungen, seine »Kapitel«, wie er sie nennt, im Stich lassen. Im übrigen scheint der Südländer an den kulinarischen Bräuchen der Slawen, die so verschieden von denen sind, die er liebt, nichts Anregendes gefunden zu haben.

Die Reise durch Europa geht weiter. Dem Venezianer, der im Salon ein ebenso angenehmer Gast ist wie in der Schenke, fehlt es nie an Freunden, die mit ihm schlemmen. Bei jedem Aufenthalt findet der Vierzigjährige Anhänger, eine Art Familie, die er sich auswählt. Nie kommt der Reisende mit leeren Händen, manchmal läßt er auch Lebensmittel von seinem Diener bringen. Er wird zum Essen eingeladen, ihm zu Ehren wird eine Mahlzeit, ein Eintopf, ein *bollito* improvisiert. Dazu werden zahlreiche Flaschen mit berauschenden Getränken geleert. Und wie immer, wenn Giacomo sich herzlich aufgenommen fühlt, wird das bescheidenste Mahl zu einem Festessen. »Man breitet ein Tischtuch über einen großen Tisch, und eine halbe Stunde später serviert man eine riesige Polenta, die für zwölf Personen gedacht ist, und trägt eine große Pfanne mit Schweinekoteletts auf. Da die Polenta ausgezeichnet ist, die Koteletts exquisit, der Schinken köstlich, ist nach knapp einer Stunde alles weggeputzt. Der Wein aus Orvieto trug das seine zur Erheiterung der Gesellschaft bei.« Wenn sich zu allem Überfluß auch noch ein paar reizvolle junge Damen

unter der Gesellschaft befinden, nimmt er im Nu das Liebesmahl in die Hand: »Ich bestellte bei meinem Wirt ein erlesenes Mahl, bei dem es an nichts fehlte. Außerdem bat ich ihn um die besten Weine, die köstlichsten Liköre, Eis und alles, was man für einen Punsch benötigt.« Letzterer war dazu angetan, die Hemmungen zu nehmen.

Seine vollendeten Manieren machen ihm diese europäische Elite gewogen, die überall den gleichen Lebensrhythmus pflegt, sich an denselben Schlemmereien erfreut und sich über denselben Klatsch amüsiert, aber auch an der gleichen unermeßlichen Langeweile leidet. Der Reisende ist wegen seines guten Aussehens und seiner Zungenfertigkeit, mit der er die letzten Neuigkeiten berichtet, die wiederum den jeweiligen lokalen Klatsch beleben, überall ein gern gesehener Gast. Bereitwillig leistet er seinen Beitrag an Anekdoten und Komplimenten. An dem Empfang, der ihm bereitet wird, kann er auf einen Blick erkennen, welche Bedeutung man ihm beimißt: »Das Diner des Bankiers war sehr angenehm. Voller Selbstgefälligkeit wollte er mir demonstrieren, daß das Mahl eines Wirts niemals mit dem wetteifern kann, was ein reicher Bankier mit einem guten Koch, einem ausgewählten Weinkeller, schönen flachen Tellern und erstklassigem Porzellan zu offerieren vermag.« Als Pragmatiker profitiert Giacomo sowohl von den Tafelfreuden seiner Gastgeber als auch von deren Verbindungen, aus denen sich weitere Kontakte ergeben. Ein System mit eigener Gesetzmäßigkeit: Ein Erfolg in London oder eine Taktlosigkeit in Potsdam erfreuen im Monat darauf die Klatschkolumnisten von Pisa bis Krakau.

Anfang des Jahres 1768 reist Casanova nach Spanien, obwohl ihm ein Orakel einst davon abgeraten hat. Ein Fremder hat es dort nicht leicht, ein Libertin noch weniger, denn die heilige Inquisition mischt sich überall ein, angefangen von der Kleidung, etwa bei den Hüten. Sie geht sogar so weit, daß sie den Wirten verbietet, ihre Gastzimmer mit Türschlössern zu versehen, damit ihre Spitzel jederzeit Zugang haben und kontrollieren können, ob das Fasten eingehalten wird und keine Liebesspiele stattfinden. Diese Praktiken bewegen den Neuankömmling, seine Garderobe in Privatquartieren auszupacken. Seine Unterkunft bietet angenehme Überraschungen: »Zu meiner Freude entdeckte ich einen kleinen Tisch, der so hübsch gedeckt war, wie ich es in den bürgerlichen Häusern in Spanien noch nie gesehen hatte. Die Köchin aus Bilbao bereitete das Essen wie eine Französin zu. Es gab fünf Gerichte, *criadillas*, die ich leidenschaftlich gern aß. Alles war hervorragend, und ich konnte mir keine bessere Köchin vorstellen, obwohl ich für die Wohnung einen stolzen Preis zahlte.« Giacomo besucht auch das Theater, aber da er die Landessprache nicht gut beherrscht, langweilt er sich schnell. Statt dessen werden die Maskenbälle seine Lieblingsbeschäftigung. Um dort zu tanzen, muß man eine weibliche Begleitung mitbringen. Dieser eher prüde Brauch erscheint jedoch paradox, da es die Madrider ganz normal finden, ihre Tochter dem nächstbesten Fremden anzuvertrauen. Der abenteuerlustige Venezianer ist gerne bereit, sich diesem Brauch zu fügen, denn Doña Ignacia,

Das Mittagsmahl unter Freunden, anonym

»Ich führte ein köstliches Leben, denn meine Tafel war mit wohlschmeckenden Gerichten gedeckt, mit leckerem Hammelfleisch und Schnepfen, wie ich seit Petersburg keine mehr gegessen hatte. Ich trank nur Wein aus Scopolo und den besten Muskateller des Archipels.«

die er sich in der Kirche ausgeguckt hat, tanzt leidenschaftlich gern. Doch damit enden auch schon die kleinen Freuden seines Spanienaufenthalts.

Casanova liebt den Tabak und genehmigt sich gern eine Prise. Leider muß er auf diese kleine Leidenschaft verzichten, da der Tabak verboten ist! Dies erfährt er durch Zufall, als er einem Gehilfen seine Tabaksdose leiht und dieser sie in den Rinnstein leert. Der Gehilfe erklärt, daß in Spanien Tabak strengstens verboten sei. Natürlich führt dieses Verbot zu einem zügellosen Schmuggel, wie Giacomo feststellt, da verbotene Freuden die süßesten sind. Es bleibt noch der einheimische Tabak, der ausgezeichnet ist, wenn er rein ist, den man aber nur schwer bekommt.

Weitere altertümliche Gewohnheiten der Spanier überraschen Casanova: In Madrid pflegt man spätestens um dreizehn Uhr zu essen, nicht Punkt vierzehn Uhr, wie dies in allen kultivierten Hauptstädten der Fall ist.

Um eine Beschäftigung oder Zuwendung zu bekommen, unternimmt Giacomo unzählige Besuche. Doch schnell ist er das Antichambrieren leid, das seine Stimmung drückt, da es eher steife Gliedmaßen einbringt als Dublonen, und seine Vitalität und seine

Illusionen gleichermaßen beeinträchtigt. Er besänftigt seine schlechte Laune mit Schokolade, die in Spanien zu jeder Tageszeit getrunken wird. Die Spanier hülsen den Kakao nach Art der Azteken aus und pressen ihn zu Tabletten. Diese werden einfach in heißem Wasser oder in heißer Milch aufgelöst und mit einem Eigelb verrührt. Kenner verfeinern das Getränk mit Zucker, Honig, Vanille, Zimt oder sogar mit Pfeffer. Dann schäumt man die Schokolade mit einem Schneebesen auf, einem eingeritzten Holz- oder Elfenbeinstab, den man von unten nach oben bewegt, um Schaum zu erzeugen. Obwohl Giacomo dieses Getränk gewöhnlich sehr schätzt, verabscheut er die spanische Version. Er findet sie unverdaulich und glaubt sogar, daß sie den Tod beschleunigen könne.

Gerade im richtigen Augenblick erinnert sich Giacomo an eine Einladung des Marquis des Moras und macht sich in Richtung Süden auf den Weg. An der Mittelmeerküste sind die Weine ausgezeichnet, doch Casanova läßt sich von Händlern übers Ohr hauen, die ihm statt eines *fino* schlechten, gepanschten Wein unterjubeln, der zuviel Zucker oder Wasser enthält: »In Spanien, wo die Weine hervorragend sind, vor allem an der Küste, wo ich mich befand, in der Nähe von Alicante oder Malaga, kann sich ein Fremder nur unter großen Schwierigkeiten ein ordentliches Glas Wein beschaffen. Aber woher kommt das? Schuld daran ist die Verlogenheit der Weinhändler, die auf der ganzen Welt Spitzbuben, in Spanien aber besonders durchtriebene Kerle sind.« Es ist der ewige Kampf gegen gepanschte Weine!

Der Venezianer kann für diese Bevölkerung nur wenig Sympathie erübrigen. Spanien ist geographisch und kulinarisch seiner Heimat zwar nah, aber von der Mentalität her grundverschieden. Die schlechte Gesellschaft in den Gasthöfen, der mürrische Empfang und das mittelmäßige Essen in den Schenken während der unter Karl III. herrschenden wirtschaftlichen Krise geben ihm kaum Anlaß, sein Urteil zu revidieren. Von Zaragoza reist Giacomo nach Valencia, einer Stadt mit einem ausgezeichneten Klima und einer fröhlichen Bevölkerung, unter der die geistvollsten und schönsten Frauen des Landes zu finden sind. Doch der gute Eindruck ist nur von kurzer Dauer: Er hat eine miserable Unterkunft mit schlechtem Essen, kann nicht trinken und hat niemanden, mit dem er sich unterhalten kann. Das bedeutet das Ende seines Aufenthalts.

»Mengs ist wirklich hier? Ich dachte, er sei in Madrid.«

Am Jahresende hält er sich in Barcelona auf, doch hier stößt er auf Schwierigkeiten. Sein Status als alter Beau und mittelloser Emigrant erweckt Mißtrauen. Casanova sucht Zuflucht bei dem deutsch-römischen Maler Anton Mengs, bei dem sein Bruder Jean tätig ist. Er kennt Mengs schon lange und weiß, daß sein Haus unantastbar ist – wie alle privaten Ländereien von in Spanien ansässigen Fremden. Der Künstler nimmt ihn widerwillig bei sich auf. »Am nächsten Tag brachte mir seine Haushälterin schon sehr früh eine Tasse Schokolade, und der Koch erkundigte sich, ob ich die Erlaubnis habe, Fleisch zu essen. Durch ein solches Verhalten verpflichtet ein Prinz einen Gast, sein Haus nicht mehr zu verlassen, doch mit demselben Verhalten vertreibt ihn ein Privatmann.« Das war aber noch nicht das Ende. Das Orakel hatte recht gehabt. Casanova bereitet sich mit einer Hof- oder Herzensangelegenheit Unannehmlichkeiten. Wegen einer Affäre mit der extravaganten französischen Mätresse des Gouverneurs von Katalonien sorgt er für Aufsehen. Diese leichtfertige Person bringt ihm sechs Wochen Gefängnis in der Zitadelle von Barcelona ein. Kaum ist er wieder frei, entgeht er wie durch ein Wunder seinen Schergen, die bezahlt wurden, um ihn zu töten. Er flieht in Richtung französische Grenze.

Die Tröstungen des Philosophen

In den folgenden Jahren versiegen Casanovas finanzielle Quellen zusehends. Matteo Bragadin ist tot, Madame d'Urfé verärgert. Sind seine unterschiedlichen Arbeitgeber dieses ungewöhnlichen Söldners überdrüssig? Trotz seiner Wachsamkeit haben die Zeit und die Wechselfälle seines Lebens ihre Spuren hinterlassen: Er ist nun fünfzig, sieht aber zehn Jahre älter aus. Das Spiel und einige kleinere Unternehmungen bringen ihm von Zeit zu Zeit etwas Geld ein. Nicht einmal das Essen vermag ihn mehr aufzuheitern. Er zieht von Ort zu Ort. Man findet ihn in der Lombardei, in der Provence, der Schweiz oder in der Toskana. Der Nachsommer des Libertin beginnt düster.

Aufgeputzte Saisonarbeiterinnen tragen zur Verbesserung seiner Stimmung bei. Ehemalige Freundinnen vergelten ihm überraschend frühere Großzügigkeiten seinerseits. Der Marquis d'Argens, ein Literat, dem er am Hof Friedrichs des Großen begegnet ist, ein echter Haudegen zudem, der Berühmtheit erlangt hat, weil er zwanzigmal dem gewaltsamen Tod entkommen ist, öffnet ihm sein Haus in Aix-en-Provence. Während der Karnevalszeit werden in dieser bezaubernden südlichen Gegend Festmähler und Bälle ohne Ende gegeben. Monsieur d'Eguilles, Präsident des Parlaments und Bruder des Marquis, empfängt zum Diner um die dreißig ausgewählte kultivierte Gäste. Nach der Sitte des Hofes wählen die Gäste ihren Platz

Giacomo Casanova in fortgeschrittenem Alter

»Er ist groß und gebaut wie Herkules, aber er hat einen afrikanischen Teint, lebhafte Augen, voll Wahrhaftigkeit, die stets seine Reizbarkeit, Unruhe oder seinen Groll spiegeln und ihm ein etwas wildes Aussehen geben. Er lacht wenig, aber er bringt die anderen zum Lachen.« (Prince de Ligne)

»Nach einigen Umwegen gelangten wir auf eine Allee, auf deren Hälfte sich ein Raum mit Sitzgelegenheiten aus Rasen in den unterschiedlichsten Formen befand.«

selbst, was dem Gastgeber viel Kopfzerbrechen über die Tischordnung erspart. Das delikate, aber nicht verschwenderische Mahl animiert die Konversation bei Tisch und schärft auch Geist und Appetit des Venezianers. »Der Marquis fragte mich, wie man auf italienisch jene große Pastete nennt, die die Marquise d'Argens verteilte und die die Runde vorzüglich fand. Ich sagte ihm, daß wir sie *crostada* nennen, aber daß ich nicht wüßte, wie man die Füllung bezeichnet. Die Füllung bestand aus Würstchen, Lammbries, Pilzen, Artischockenböden, Gänseleber und was weiß ich noch!« Zur Herstellung der Blätterteigpasteten bedarf es ausgeklügelter Küchengeräte und einer besonderen Geschicklichkeit des Kochs. Nicht zu unterschätzen ist auch die Kunst, die Pasteten mit köstlichen Gewürzwürfeln zu dekorieren, deren Größe und Konsistenz ein gewissermaßen unbemerktes Hinunterschlucken ermöglichen soll, wie es der gute Ton gebietet. Ein Paradies erlesener Kultur, ein Augenblick des Glücks, der höchstes kulinarisches Raffinement mit jenen formvollendeten Tischmanieren verbindet, die den unerreichten Glanz des französischen Ancien Régime ausmachten. Auch über die Beendigung des Essens wacht ein strenges Protokoll: Man spült sich den Mund aus, bevor man den Abend fortsetzt. Gäste, die kein Vergnügen an einer Partie Billard finden, improvisieren ein kleines Konzert. Wenn der venezianische Glücksritter in Stimmung ist, erzählt er einem ausgewählten Publikum seine tausendundeins Abenteuer. Dann begibt er sich an einen Spieltisch, wo man Pharao oder *bassette* spielt, und setzt ein paar Taler – genau wie seine wohlerzogenen Mitspieler, deren Vokabular keine so unschönen Wörter wie verlieren oder gewinnen enthält. Weitere Sonnenstrahlen durchdringen die Herbstwolken nach dem Aufenthalt in Aix-en-Provence. Ein süßes neapolitanisches Zwischenspiel, unvorhergesehene Geldeinkünfte und ein Wiedersehen mit Kardinal Bernis in Rom, der zum Gesandten des Vatikans ernannt wurde, trösten den ewigen Exilanten. Im vertraulichen Gespräch lassen die beiden Männer, die das Schicksal noch einmal zusammengeführt hat, alte Gemeinsamkeiten wiederaufleben: das Essen und die Frauen. »Der Kardinal empfing mich am folgenden Tag. Er äußerte große Freude, mich zu sehen. Ich sagte ihm, daß ich ihn, abgesehen davon, daß er ein bißchen zugenommen habe, so jung und schön fände wie damals, als er Paris verließ. Aber er antwortete mir, daß er sich in allem verändert habe.

›Ich bin erst fünfundfünfzig Jahre alt‹, meinte er, ›und darf nur noch Grünzeug essen.‹

›Ist das dazu angetan, das Fleisch stark zu machen für das Werk der Liebe?‹

›Ich hätte nichts dagegen, wenn man das meinen würde. Aber ich fürchte, darüber läßt sich niemand täuschen.‹«

Casanovas Geständnisse sind ähnlicher Art: Er vertraut seinem alten Komplizen an, daß er allein ist und entschlossen, in Zukunft vernünftig und ohne den geringsten Luxus zu leben. Der Komödiant! Seine

»Nachdem ich durch ganz Europa gereist war, hatte mich der Wunsch, in meine Heimat zurückzukehren, mit solcher Macht erfaßt, daß ich das Gefühl hatte, nirgendwo anders mehr leben zu können.«

frommen Wünsche halten nicht länger als den Moment, den er braucht, sie auszusprechen. Er kann einfach nicht anders als bei ränkesüchtigen jungen Damen immer wieder sein Glück zu versuchen und mit Spieltischbekanntschaften anzubandeln. Man bittet ihn, die Stadt zu verlassen. »Laster ist nicht gleich Verbrechen«, verteidigt er sich lapidar. Ist dies der Epilog?

Das Urteil ist gesprochen. Aber für Casanova kommt es natürlich nicht in Frage, sich auf die dunklen Geschäfte ausgemachter Schurken oder auf schäbige Erpressungsversuche einzulassen. Hochstapelei verpflichtet. Und Vorsicht ist angebracht, um nicht wie ein Verbrecher am Galgen zu enden. Beseelt vom Wunsch nach einer einfacheren Lebensführung zieht der Sinnenmensch, der stets auf seine Phantasie vertraut hat, jetzt andere Register. Häufige Besuche in der Bibliothek, vielgeschätzte Reden in Gelehrtenversammlungen oder literarischen Salons, sein Talent als Erzähler, seine Theaterstücke, seine Erinnerungen, seine umfassende Korrespondenz und auch seine Reisenotizen haben seinen Geist und seine Feder in Schwung gehalten. So beschließt er, eine literarische Karriere zu beginnen. Als Verfasser von Theaterstücken hat er sich bereits einen Namen gemacht, und er hat einige Broschüren veröffentlicht. Nun stürzt er sich auf die Literatur – mit der gleichen Energie, Intensität und Gier, die er bei seinen Ausschweifungen und Schlemmereien an den Tag gelegt hat.

Auch wissenschaftlichen Abhandlungen gilt sein Interesse, denn jetzt, im Herbst seines Lebens, wendet sich seine Aufmerksamkeit immer mehr dem Erhalt seiner Gesundheit zu, seinem wichtigsten Schatz. Üble Hinterlassenschaften aus unbedachten erotischen Abenteuern haben seine Gesundheit angegriffen. Krankheiten, die er, wie er gesteht, selbst gesucht hat, denn Schicksalsschläge dieser Art hängen seiner Meinung nach ebenso vom Fehlen einer rigiden

Moral wie von einem Ungleichgewicht der Körperflüssigkeiten ab. Er tröstet sich mit philosophischen Überlegungen: »Mein ganzes Leben war ich ein Opfer meiner Sinne.« Doch nie hat er versucht, sich von dieser sinnlichen Sklaverei zu befreien.

Er gibt jetzt den Gaumenfreuden den Vorrang, und auch in seinen Memoiren haben jetzt die Schlemmerepisoden eine andere Qualität. Giacomo hat niemals seine Taillenweite den Essensexzessen oder seinen Teint dem Bacchuskult geopfert. Wie viele Fastentage, von denen ihn Papst Benedikt XIV. nicht dispensiert hatte, für ein paar Völlereien! Je älter Casanova wird, desto mehr Hygienehinweise finden sich in seinen Reflexionen über die Ernährung. Er schwört auf die heilende Kraft von Thermalbädern, Kräutertees und den Früchten der Erde. Der alternde Gourmet bedauert den Exzeß und legt sich seine eigenen Maximen zurecht, bei denen es um die Wirkung der Nahrung auf das Wohlbefinden geht: »Enthaltsamkeit ist gefährlich. Zuviel verursacht eine Magenverstimmung, aber zu wenig führt zum Tod.« Der Venezianer versucht, seine Ernährung ausgewogen zu gestalten und seine Verdauung zu erleichtern, um sich die Autonomie und Beherrschung seines Körpers zu bewahren. Mit großer Hartnäckigkeit überwacht er seine Eßgewohnheiten, um, gemäß dem Zeitgeist, das Gute und das Gesunde zu verbinden. Casanova als Fürsprecher gesunder Lebensgewohnheiten? Warum nicht?

So behandelt sich Giacomo selbst mit Hilfe von Ernährungskonzepten, die er bei Hippokrates, Savonarola oder Paracelsus studiert, der übrigens kurz zuvor als Erfinder der Homöopathie wiederentdeckt worden ist. Oder er folgt den volkstümlichen Weisheiten seiner Kindheit: »Indem ich meine Ernährung meiner körperlichen Verfassung anpaßte, erfreute ich mich stets einer guten Gesundheit. Ich habe nie einen anderen Arzt gehabt als mich selbst.«

Die Bewohner der Landstriche, die unter Mittelmeer-Einfluß stehen, verzehren nach dem Beispiel der Byzantiner kein Rindfleisch. In Venedig wird wenig Rindfleisch gegessen, und wenn, dann nur langsam geschmortes. Schon in römischen Rezepten tauchte es

Die Academia, Bernardo Bellotto

Rechte Seite
»Am nächsten Morgen kommt Clairmont mit einem großen Mädchen in mein Zimmer, das mich an die Jüdin Lia erinnert. Es ist schön wie sie, aber weniger affektiert.«

nur selten auf, und bei religiösen Zeremonien verwendete man wie Abraham in der Bibel eher Widder oder ein Hausschwein, das später bei den Muslimen verpönt war. Apicius jedoch schwor auf Vögel.

In Norditalien schätzt man neben den Rindern der nordeuropäischen Weiden vor allem den *manzo*, einen jungen Bullen oder ein noch schlankes Jungtier. Man bevorzugt die Tiere, die ausschließlich mit Milch großgezogen wurden, Kälber, Lämmer und Ziegen sowie Geflügel aller Art, deren helles Fleisch seit undenklichen Zeiten, von den Ägyptern bis zu den Katharern, den Ruf genießt, dem menschlichen Organismus besser zu bekommen. Wenn auch das Getöse der Fleischhändlervereinigungen in Paris seine Wirkung zeigt, so zögert man in der französischen Provinz dennoch, die Milchkuh und den Bullen so jung zu opfern. Daher gibt es dort vor allem relativ alte Tiere, deren fettes, hartes Fleisch gewöhnlich nur für die Suppe verwendet und als minderwertig angesehen wird. Die Landjunker dagegen mögen nur Wild, da es, abgesehen von seinem köstlichen Geschmack, ihre Jagdprivilegien markiert. Casanova bleibt zu sehr Südländer, um sich an dieses rote, fette Fleisch gewöhnen zu können, dessen Grill- oder Bratengeschmack ihm mißfällt. Allerdings geht er nicht so weit wie Rousseau zu behaupten, daß Fleisch den Menschen grausam und wild mache. Aber aus diesem Grund sind in seinen Memoiren vor allem Kapaune, Hühner und Poularden erwähnt. Allerdings sind dies auch die Fleischsorten, die man in den Gasthäusern auf Reisen stets bekommt. Eine feine Mischung aus römischer Kultur und altertümlichem Glauben, demzufolge »man ist, was man ißt«, zeigt der abergläubische Casanova eine Vorliebe für Lebensmittel von jungfräulicher Farbe: Weißbrot, Weißwein, Eiweiß, weißes Fleisch, weiße Trüffeln, Weißfisch und andere Fischsorten mit hellem Fleisch, Gemüse in weißer Soße, *blanc-manger*, sowie Esels- und Mandelmilch, nicht zu vergessen den weißen Reis, die *maccheroni* und die *polenta* aus Hirse. Ein Ernährungsstil, der die fragwürdige Reinheit seiner Sitten ausgleichen soll? Denn die Farbskala ist ein keinesfalls zufälliges Symbol des Vokabulars, wenn man seiner Ausdrucksweise Glauben schenken will: *œuvre au blanc, chauffer à blanc, être blanchi, mariage blanc, blanc-seing, blanc-bec, oies blanches.* Nur der Weißfluß und andere nachgewiesenermaßen schädliche Körperflüssigkeiten, die der Chronist Casanova an manchen Stellen erwähnt, bleiben Eindringlinge in diesem Bereich der Unschuld und Tugendhaftigkeit. In dieser Symbol-

sprache erklärt der Venezier, ein Kenner der Alchimie, Gelegenheitsarzt, hellsichtiger Philosoph und erfahrener Reisender, daß sich sein Stoffwechsel mit seinem Alter verändert hat: »Ich habe alle vier Temperamente besessen, das phlegmatische in meiner Kindheit, das sanguinische in meiner Jugend, dann das cholerische und schließlich das melancholische, das mich offenbar nicht mehr verläßt.« Als Kabbalist, als Christ und Gelehrter vermischt der Abenteurer seine Kenntnisse aus den verschiedenen Bereichen. Begriffe wie Bitterkeit, Säure oder Schärfe, die er verwendet, sind ebenso Teil des kulinarischen Vokabulars wie des medizinischen oder alchimistischen Fachjargons. Ein Anlaß, um zu betonen, daß sich das Vergnügen, die Heilkunst und die Alchimie auf dem Teller verbinden.

Seit einigen Jahren versucht Casanova mit dem leidenschaftlichen Elan eines Vertriebenen, wieder in seine Heimat zurückzukehren. Unterstützt wird er dabei von der Fürsprache seiner Freunde. Er hat bereits einen vielversprechenden Dialog mit der Serenissima angeknüpft, als ein sentimentales Zwischenspiel seine Verhandlungen aufschiebt. Lia ist achtzehn Jahre alt, Casanova fast fünfzig. Sie ist eine seiner letzten Reisebekanntschaften. Er wohnt bei ihr in Ancona, in einer kleinen Unterkunft mit Vollpension für sechs Paul am Tag, ohne Extras. Sie ist informiert, daß er das Privileg genießt, »jeden Tag Fleisch und fleischlos zu essen«. Einer so jungen Frau den Hof zu machen, erfordert viel Geschicklichkeit, wobei sich die Tafelfreuden als nicht zu unterschätzende Verbündete erweisen. Lia bereitet ihm morgens eine köstliche Schokolade und leistet ihm beim Abendessen Gesellschaft. »Mir wurde ein Abendessen nach jüdischer Art serviert. Lia kam selbst mit der Leber und setzte sich ganz selbstverständlich mir gegenüber an den Tisch. Die Leber war ausgezeichnet, und da sie nicht groß war, aßen wir alles auf. Dazu tranken wir Wein aus Scopolo.« Der alte Geck benötigt noch zwanzig Tage zartfühlender Annäherung, und ebenso viele Mahlzeiten, darunter drei weitere Menüs mit Gänseleber, sechs Flaschen Scopolo und Orvieto, zwei Karaffen Muskateller aus Zypern sowie eine Engelsgeduld. Überdies muß er seinen Rivalen aus dem Feld räumen, einen zwanzigjährigen Lackaffen. Die Affäre

dauert zwei Monate. Ein Zeichen, daß sich die Zeiten geändert haben: Lia, ebenso freigebig wie sanft, weigert sich, die zehn kleinen Goldmünzen von dem Venezianer anzunehmen, und schenkt ihm ihrerseits sechs schöne indische Taschentücher. Es ist sicherlich die Erinnerung an seinen Gastgeber, den zuvorkommenden Mardochée, Vater von Lia und aus religösen Gründen von Beruf Zinseinnehmer, die dem Chronisten diese Kleinkrämerrechnung eingegeben hat.

Mit neunundvierzig Jahren erhält Giacomo Casanova das Recht zugesprochen, in seine Heimatstadt zurückzukehren. Er wird dort acht Jahre bleiben. Endlich kann er wieder in seinem *risotto* schwelgen, aber was die anderen Vergnügungen betrifft, die Sehnsucht nach dem verlorenen Paradies, nach dem goldenen, brokatglänzenden Venedig, so werden diese durch die rauhe Wirklichkeit getrübt.

Was kennt er noch von der Stadt, die er vor achtzehn Jahren verlassen hat? Einmal abgesehen von der Haft in den Bleikammern – er war damals jung, schön, reich und voller Hoffnung. Trotz der Schließung des *ridotto* amüsiert sich eine junge Generation in dieser Zeit der Jahrhundertwende, die von einer ungezügelten Sinnenfreude geprägt ist. Seine alten Festkumpane und Komplizen so mancher Ausschweifungen aber haben sich in Grauköpfe verwandelt und sind Stützen der bestehenden Ordnung geworden. Die Republik erschöpft sich darin, unerschütterlich die Überbleibsel ihres Reiches und ihrer alten Sitten zu verwalten. Die neuen Ideen der Philosophen und die vielfältigen Veränderungen des Kontinents landen im Rinnstein der Riva degli Schiavoni.

Casanova wird von ein paar Freunden gefeiert, er erzählt seinen ehemaligen Richtern aufrichtig die Umstände seiner Flucht, und er sucht eine Stellung. Da er in die Theaterleidenschaft der Venezianer seine Zuversicht setzt, übernimmt er eines der sieben Theater, das Sant' Angelo, um dort, nach dem Vorbild des Théâtre des Italiens von Goldoni in Paris eine Comédie française aufzuziehen. Allerdings vergißt er dabei, daß die Komödie in Venedig ein volkstümliches Vergnügen darstellt und die einfachen Leute der französischen Sprache nicht mächtig sind. Hinzu kommt, daß die Leitung eines Theaters ein Verwaltungsberuf ist, für den der Abenteurer bereits zuvor wenig Geschick gezeigt hat. Selbst andere, leidenschaftlichere Theatermänner wie Gasparo Gozzi, der Bruder des Schriftstellers Carlo Gozzi, sind daran gescheitert. So sieht sich Casanova, der uneingeschränkte Individualist, der Philosoph der Aufklärung, der sich niemals an die Regeln des Gemeinwesens hatte anpassen können, gezwungen, ein Spitzel der Polizei zu werden, ein *confidente*, was ihm unterwürfige Anpassung und kriecherische Untertänigkeit abverlangt. Für fünfzehn Dukaten im Monat wird der ehemals Denunzierte unter dem Pseudonym Antonio Pratolini selbst ein Denunziant, und er bekommt sein Gehalt von jenen Inquisitoren bezahlt, die seine Rückkehr nach Venedig so lange verhindert haben.

In Begleitung einer Haushälterin, mit der ihn eine Affäre verbindet und die sich um ihn kümmern soll, bezieht er im Viertel Castello ein kleines, bescheidenes Haus. Doch die junge Francesca bemüht sich vergeblich, seine Kindheitsgenüsse wieder aufleben zu lassen: eine Scheibe gebratene *polenta*, in Ausbackteig getauchte Tintenfische, einen Teller *risotto* mit frischen Erbsen am Markustag. Der Abenteurer vermag sich mit diesem eingeschränkten, bescheidenen Leben ohne Höhen und Tiefen in seiner Heimatstadt nicht abzufinden.

Da Casanova auf sein wichtigstes Theater, Europa, und auf das Publikum seiner Wahl verzichten muß, ist ihm das Leben eine Qual. Er verkriecht sich. Der Schönredner, der es versteht, mit Worten wie mit Vitriolfäßchen zu jonglieren, klagt Senator Grimani, den Sohn seines ehemaligen *santolo*, in einem Pamphlet an, in dem er einem unangebrachten Groll Luft macht. Ein höchst unvorsichtiges Unterfangen, denn er hat keinen Sous mehr in der Tasche und muß befürchten, daß die Republik sich in die Sache einmischt. Ein soziales Werk an diesem ihrem Bürger zu vollbringen ist sicher ihre letzte Sorge. Sie bittet den aufrührerischen Verfasser freundlich, aber bestimmt, Venedig zu verlassen. Er ist nun achtundfünfzig Jahre alt. »Das Glück verachtet das Alter«, kommentiert er düster.

Der Winter naht. Eine neuerliche Reise mit unbequemen öffentlichen Verkehrsmitteln in ein ungewisses Land und eine kümmerliche Existenz hat nichts Aufregendes. Casanova ist nun bereits ein Vierteljahrhundert in aller Herren Länder umhergezogen, oftmals hat er nicht einmal zehn Nächte hintereinander in demselben Bett zugebracht. Er weiß, was ihn erwartet. »Abenteurer« nennt er sich mit einem gewissen Stolz, als er sich mit einem Straßenbuchhändler

VORHERGEHENDE DOPPELSEITE
»(...) aber auf halbem Weg hielt mich der Graf von Waldstein in Töplitz an und geleitete mich nach Dux, wo ich mich noch immer befinde und wo ich allem Anschein nach auch sterben werde.«

LINKE SEITE
»Der gute Mann sagte mir gleich, als er mich erblickte, daß er mir ein Abendessen bereiten wolle, aber nicht mehr als eine Polenta und Schweinekoteletts.«

RECHTS
Jagd in der Lagune,
Pietro Longhi

anlegt: »Infamer Gazettenverkäufer, ich bin Casanova, der Abenteurer!«.

Nachdem er einige Monate die Städte seiner besseren Zeiten besucht hat, läßt er sich in Wien nieder, der Hauptstadt von Österreich-Ungarn. Der Chevalier Sebastiano Foscarini, Gesandter Venedigs, macht ihn zu seinem Sekretär. Giacomo ist mit dieser Stellung zufrieden, verbindet sie ihn doch mit Venedig. Die Gicht zwingt den Diplomaten zu einer eisernen Diät, er tröstet sich aber damit, daß er seine Gäste mit ungarischem Gulasch verwöhnt, der damals in der besseren Gesellschaft der kosmopolitischen Stadt in Mode ist. Casanova lebt wieder auf. Aber der frühe, unerwartete Tod von Foscarini setzt seinem Wiener Aufenthalt ein baldiges Ende.

Trotzdem hat er noch die Zeit, seinen letzten Gönner, den Grafen Joseph-Carl-Emmanuel von Waldstein kennenzulernen, einen Nachfahren des heldenhaften Feldherrn Wallenstein. Dieser interessiert sich für Okkultismus, ist ein leidenschaftlicher Spieler, ein Pferdenarr, jung, frei und sehr reich. Freimaurer wie Casanova, empfindet er Sympathie für den älteren Herrn. Da Giacomo Angst vor einem Lebensabend in Armut hat, der nur allzu viele Abenteurer erwartet,

»Als ich mitten unter ihnen neben einem schönen Feuer saß und wir Maronen aßen, die wir mit Zypernwein benetzten, begann ich einige unschuldige Küsse nach rechts und nach links zu verteilen.«

geht er auf das Angebot des Grafen ein. Für tausend Gulden jährlich soll er auf dessen Ländereien im böhmischen Dux ein Verzeichnis der umfangreichen Bibliothek der Waldsteins erstellen. Eine Aufgabe, die er nur annäherungsweise erfüllt, die ihm aber immerhin ein Dach über dem Kopf sichert und zumindest die Möglichkeit eines posthumen Ruhms.

Das ganz italienische, barocke Anwesen befindet sich einen Steinwurf von Töplitz entfernt, wo sich die mitteleuropäische Aristokratie im Sommer zur Kur aufhält, so daß Dux eine Reihe hochrangiger Gäste zu verzeichnen hat. Wenn Graf Waldstein in Dux residiert, speist der Sekretär an der Tafel des Hauses. Mit den gelehrten hochrangigen Gästen aus allen Teilen Europas versprüht der Geist des Jahrhunderts, den man »französisch« nennt, seine letzten Funken. Aber die mangelnde Unterhaltung im Winter, die Promiskuität der tölpelhaften Domestiken, der »Kartoffelfresser«, und der rauhe Umgangston mißfallen dem alten Herrn. Der Reiz amouröser Ausschweifungen schwindet. Um nicht, durch Langeweile und Einsamkeit an Leib und Seele geschwächt, dahinzusiechen, widmet sich Giacomo Casanova vor allem zwei Vergnügungen, die ihm verblieben sind, den Tafelfreuden und der Schriftstellerei. Er verfaßt Werke, die so unterschiedliche Autoren wie Jules Verne oder Ernest Renan beeinflussen werden. Noch vermag er die Besucher, die einen Abstecher nach Dux machen, um ihn zu besuchen, mit seinem Charme einzunehmen. Sein Gehalt verwendet er dafür, sie fürstlich zu bewirten: Er gibt bei der Köchin Wildbret von der dortigen Jagd in Auftrag, gebratenes Geflügel, Ananas aus dem Gewächshaus oder Makkaroniaufläufe, die sie anbrennen läßt, was ihre Abneigung gegen den Fremden verrät. Jacques, alias Jakob, reist nach Prag, wo er sich die Hacken abläuft, um einen Verleger für seine Werke zu finden. Dort lernt er einen anderen venezianischen Abenteurer kennen, den Operndichter Lorenzo Da

»Nachdem ich sechs Stunden langsamen Schrittes marschiert war, entdeckte ich zu meiner Linken in schöner Lage eine große, an ein mächtiges Gebäude angrenzende Kirche.«

Ponte. Bei der Mitarbeit an dem Libretto für *Don Giovanni*, die Oper des jungen und exzentrischen Musikers Wolfgang Amadeus Mozart, erlebt Don Giacomo noch einmal das Gefühl, etwas zu bedeuten.

Seine königliche Hoheit, der Fürst von Ligne, der Onkel seines Beschützers, der aus einem alten, steinreichen Adelsgeschlecht stammt und mit allen gekrönten Häuptern Europas verwandt ist, begegnete in Dux einem alternden Casanova, dessen Verhalten sich im Laufe der Jahre verändert hat und dessen überschäumende Lebensfreude und dessen Optimismus rar geworden sind. Aber der Fürst war von dem gebildeten Abenteurer fasziniert, wie seine Erinnerungen bezeugen. In einem Jahrhundert, in dem das Individuum neu bestimmt wird, bestechen Casanovas Intelligenz, seine Energie und seine Beredsamkeit. In den Augen der Nachwelt besteht seine Stärke, trotz der Ungeregeltheiten, der Verfehlungen und Wagnisse seiner Existenz, darin, sein Naturell weder verleugnet noch gebändigt zu haben. Seine sprichwörtliche italienische Vitalität, seine Liebesleidenschaft, seine Redekünste und seine Hellsichtigkeit haben seinen Ruf begründet.

Eine erstaunliche, aber tiefe gegenseitige Wertschätzung verbindet von nun an die beiden Männer. Für Charles von Ligne verbringt Jacques seine letzten Jahre damit, die Lebenskunst dieses großartigen Jahrhunderts in all ihrem Glanz und ihren Verirrungen aufzuzeichnen. Französisch, die Sprache des Bürgertums, ist im Laufe des Jahrhunderts zur internationalen Sprache der Diplomatie, zur Sprache Europas geworden. Französisch ist denn auch die Sprache, die Giacomo spricht und in der er die zwölf Bände seiner Memoiren, *L'Histoire de ma vie, par Jacques Casanova de Seingalt*, verfaßt, die unvollendet bleiben. Es ist ein Meisterwerk, von dem die Prüderie des letzten Jahrhunderts nur das Bild des geilen Lüstlings bewahrt hat, dessen Ausschweifungen im Vergleich zu denen seiner Zeitgenossen, dem Marquis de Sade oder Restif de la Bretonne jedoch eher harmlos sind. Die leichte Unterhaltung im Stil des Jahrhunderts, die vertraulichen Mitteilungen, die Überschreitung bürgerlicher Mittelmäßigkeit, die alltäglichen Beobachtungen haben den Memoirenschreiber als Romanhelden, als Archetyp des Libertins und des kosmopolitischen Abenteurers des 18. Jahrhunderts angetrieben. Unter diesem Aspekt verdient die Chronik Ruhm, während die willentlich oder unbewußt eingefügten Ungenauigkeiten des Erzählers nur von sekundärer Bedeutung sind.

Als Zeitzeuge leistet der Venezianer einen wichtigen Beitrag. So gibt er unter anderem wertvolle Aufschlüsse über die europäische Kochkunst. Zwar werden nur wenige der erwähnten Gerichte genau beschrieben, doch er teilt uns die Umstände der Lebensmittelbeschaffung, die Kunst der Zubereitung, die Schwierigkeiten bei der Beaufsichtigung und Überwachung mit. Die Chronik seiner Ernährung, Notwendigkeit und Vergnügen zugleich, bildet den unsichtbaren Leitfaden seiner Schilderungen, die er dazu nutzt, eine Stimmung zu verdeutlichen, ein Detail anzuführen, ein Vorurteil zu hinterfragen, seine Stellung zu markieren, intellektuelle Kenntnisse anzubringen oder sein Interesse an seinen Tischgenosssen zu bekunden. Die wohlgesitteten, höfischen Manieren, die er bei Tisch zeigte, begünstigten seinen sozialen Aufstieg, die kulinarischen Wonnen stachelten seinen Appetit an, die Lebensfreude, von der er in seinen Memoiren Zeugnis ablegt, bezaubert noch heute. Als Philosoph und als Mann von Welt hat der Sinnenmensch Casanova die Tafelfreuden mit all ihren Riten und Requisiten, die Anlässe und gesellschaftlichen Zusammenkünfte, die diese kulinarischen Genüsse förderten, in den Rang einer eigenständigen Kultur erhoben. In ihren phantasievollen und erotischen Dimensionen holt sich diese Kultur Anregungen bei der Kunst.

Aber nicht nur seine Lebensart und sein Feinschmeckertum lassen sich aus seinen Memoiren ablesen, sondern auch seine Verbundenheit mit der venezianischen Küche, seiner einzigen Heimat. Diese kulinarische Kultur verkörperte für den Heimatlosen, der weder Frauen noch Orten noch Anstellungen, ja

»Ich bin achtundfünfzig Jahre alt; ich kann mich nicht mehr zu Fuß auf den Weg machen: der Winter bricht schnell herein. Und wenn ich daran denke, wieder ein Abenteurerleben zu führen, so muß ich lachen, schaue ich mich im Spiegel an.«

»Ein kluger Mensch, der sich bilden will, muß lesen und dann reisen, um sein Wissen zu überprüfen.«

Folgende Doppelseite
»Wenn ich mich an die Vergnügungen erinnere, die ich genossen habe, erlebe ich sie nochmals, und über die Qualen, die ich durchlitten und nicht mehr spüre, lache ich.«

nicht einmal seinem Namen die Treue halten konnte, Wurzeln und Gefühlsbindung. Bei der kleinsten Verstimmung werden die Speisen seiner Kindheit, die seine Freuden gesteigert und seine Ängste vermindert haben, zum geheimen Refugium, zum Zufluchtshafen des Trostes, der einzigen Stätte, die seinen Kummer stillen kann. Die Freuden des Fleisches und des Geistes, die im Laufe seiner Reisen gewonnenen Erfahrungen, seine französisch geprägte Bildung haben es nie vermocht, Casanovas kulinarisches Erbe zu verdrängen: die Küche seiner Großmutter Marzia, eine Küche, deren Tradition in der Gewißheit ihrer herausragenden Qualität langsam gereift ist.

Diese Treue hinsichtlich der Speisen ist eine typische Eigenschaft der mediterranen Kulturen und ein Charakteristikum der Verbannten zu allen Zeiten. Jene des Mare Nostro haben es verstanden, die Elemente ihres heimatlichen Bodens anderswo zu kultivieren, die eine erhabene und würdige Sinnenfreude darstellten, ein rituelles Fest, das Gaumen, Geruchssinn und Augen befriedigt. Auf diese Weise haben ihre schmackhaften uralten Rezepte und die Rituale der Gastfreundschaft dem Wandel der Zeiten standgehalten.

Durch seine Chronik bezeugt Casanova seine tiefe Verbundenheit mit dieser mediterranen Welt, die ihre Kraft aus dem Wohlgeschmack unvergänglicher Genüsse schöpft und dem Labsal und der Notwendigkeit epikureischer Vergnügungen einen höheren Rang verleiht.

Nach einem Leben körperlicher Exzesse stellen die Übungen des Geistes und die Freuden eines köstlichen Mahles Casanovas einzige Tröstungen dar. Er lebt nunmehr vor allem für die Geselligkeit, sein Schreiben und den Speisesaal. Diesen drei Bereichen widmet er die ganze ihm verbliebene Energie und zeigt damit, daß der Sinnenmensch sich niemals Grenzen zu setzen vermag. An der Schwelle des Todes verbessert der Abenteurer seine fieberhaft verfaßten Memoiren, nimmt Streichungen vor, schreibt Passagen um und legt nur die Feder aus der Hand, um zur Gabel zu greifen und mit allzu reichlichen Speisen neue Freuden und Leiden zu erleben. Charles von Ligne gibt davon Zeugnis: »Er rächt sich an allem mit allem, was eßbar und trinkbar ist. Da er kein Gott in den Hainen, kein Satyr in den Wäldern sein kann, ist er ein Wolf am Tisch. Mit nichts hat er Erbarmen, er beginnt fröhlich und ist am Ende traurig, ja untröstlich darüber, daß er nicht von neuem beginnen kann.« Als sich die Gicht ankündigt, wird er erneut zum Anhänger der Lehre des Hippokrates, verordnet sich Gemüsesuppen und kleine gebratene Vögel oder das Lieblingsmahl seiner Jugend, *polenta*, das Nationalgericht des Triveneto.

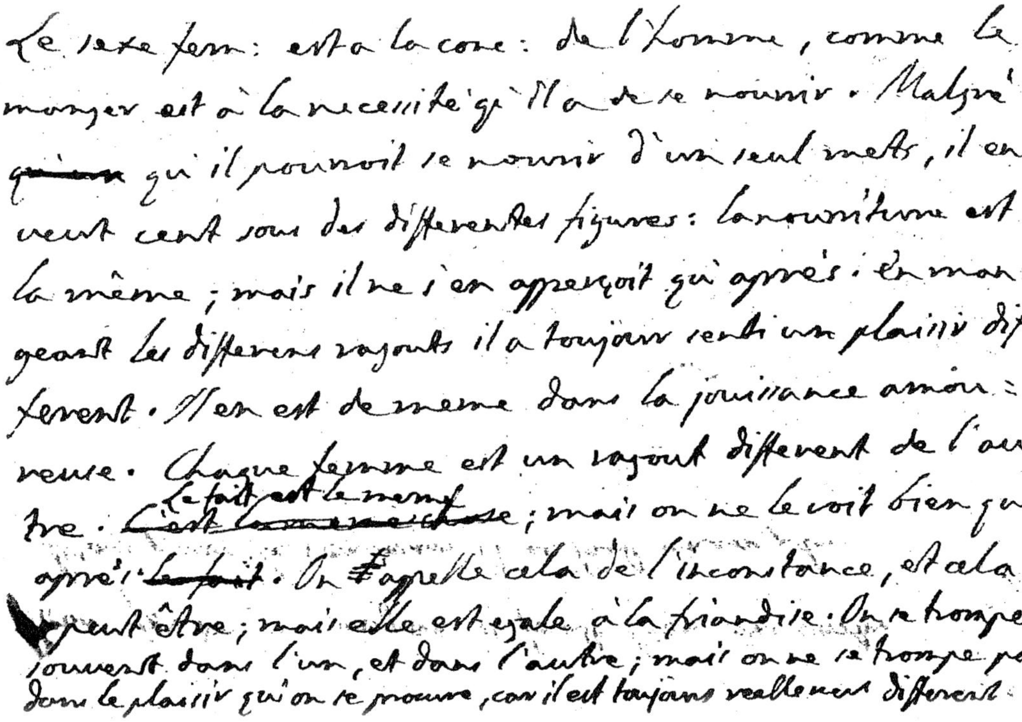
Le sexe fem: est à la conc: de l'homme, comme le
manger est à la necessité qu'il a de se nourrir. Malgré
~~qu'on~~ qu'il pourroit se nourrir d'un seul mets, il en
veut cent sous des differentes figures: la nourriture est
la même; mais il ne s'en apperçoit qu'après: en man:
geant les differens ragouts il a toujour senti un plaisir dif:
ferent. Il en est de même dans la jouissance amou:
reuse. Chaque femme est un ragout different de l'au:
tre. Le fait est le même ~~C'est la même chose~~; mais on ne le voit bien qu'
après ~~le fait~~. On appelle cela de l'inconstance, et ela
peut être; mais elle est egale à la friandise. On se trompe
souvent dans l'un, et dans l'autre; mais on ne se trompe pas
dans le plaisir qu'on se procure, car il est toujours reellement different.

Das Jahr 1797 besiegelt das Ende der tausendjährigen Republik Venedig. Dies hat zur Folge, daß die Verbannung des alten Mannes aufgehoben wird. Obwohl körperlich geschwächt, mobilisiert der Siebzigjährige seine letzten Kräfte, um seine Rückkehr nach Venedig zu organisieren. Aber das Leben verläßt ihn. In seiner letzten Stunde verlangt er nach Krebssuppe, auf die seine Mutter vor seiner Geburt eine so große Lust verspürt hatte, die man ihm aber nicht besorgen kann, da durch heftige Regenfälle die Flüsse angeschwollen sind.

Casanova stirbt am 4. Juni 1798 im Alter von dreiundsiebzig Jahren im Schloß von Dux. Sein Neffe Carlo Angiolini, ein Sproß seiner Schwester Marie-Madeleine, umsorgte ihn davor eine Woche lang. Als Vermächtnis nimmt er das Manuskript der *Histoire de ma vie*, der *Geschichte meines Lebens*, mit. Ligne merkt an, Casanova habe den Tod nicht gefürchtet, da sein Appetit von Tag zu Tag abgenommen habe.

1821, nachdem der napoleonische Sturm über Europa hinweggefegt ist, verkauft Angiolinis Sohn dem Verleger Brockhaus in Leipzig für zweihundert Taler die Memoiren seines Großonkels, die der Spiegel einer vergangenen Zeit sind. Die Legende beginnt.

Oben
»Hinsichtlich der Sinneslust des Mannes läßt sich das weibliche Geschlecht mit dem Essen vergleichen. Obwohl er sich von einem einzigen Gericht ernähren könnte, möchte er hundert von verschiedenem Aussehen; die Nahrung ist dieselbe; aber das merkt er erst danach. Als er die verschiedenen Ragouts aß, empfand er verschiedene Genüsse. Genauso ist es auch mit den Freuden der Liebe. Wie jedes Gericht, so unterscheidet sich auch jede Frau von der anderen. Im Grunde ist es immer dasselbe; aber das erkennt man erst nachher. Man nennt dies Treulosigkeit, und das kann es auch sein; aber diese ist mit der Naschhaftigkeit vergleichbar. Man täuscht sich oft in dem einen und in dem anderen, aber man täuscht sich nicht in dem Vergnügen, das man sich bereitet, denn es ist tatsächlich stets verschieden.«

Rechte Seite
»Da ich als Laie und nicht als Gelehrter schreibe, habe ich keine ehrgeizige Absicht und ich würde niemals irgend jemanden dazu überreden, die gleichen Heilmittel anzuwenden, die ich für mich selbst benutze.«

TRY.
HAYE,
XLIII.

Rezepte

Gestaltung des Rezeptteils
LEDA VIGLIARDI PARAVIA

Falls nicht anders angegeben,
sind die Rezepte für 6 Personen berechnet.
Für das in den Rezepten angegebene Öl
wird bestes kaltgepreßtes Olivenöl empfohlen.

Frühstück im Park, Nicolas Lancret

»Ich habe auch die Tafelfreuden mit ganzem Herzen geliebt
und ebenso leidenschaftlich alle Dinge, die meine Neugier zu wecken vermochten.«

ANTIPASTI

Vorspeisen

Crema di formaggio ai tartufi bianchi

Käsefondue mit weißen Trüffeln

300 g Asiago; 3 Eigelbe; 0,2 l Milch; 1 EL Butter; 12 Scheiben Weiß- oder Toastbrot; 1 weiße Trüffel

1. Den Asiago in kleine Würfel schneiden und in einen hohen, schweren Topf geben. Mit der Milch gerade bedecken und mindestens 2 Stunden ziehen lassen.
2. Eigelb und Butter dazugeben.
3. Den Topf ins heiße Wasserbad stellen.
4. Das Ganze bei niedriger Temperatur unter ständigem Rühren langsam erhitzen, bis es sämig zu werden beginnt. Nochmals etwas Milch zugeben und die Mischung wieder zu einer cremigen Konsistenz eindicken lassen.
5. Vom Weiß- oder Toastbrot die Rinde entfernen, das Brot in Würfel schneiden und rösten.
6. Die Trüffel sorgfältig säubern.
7. Das Käsefondue auf vorgewärmte Schüsseln verteilen, die Trüffel hauchfein darüberhobeln und sofort mit den gerösteten Brotwürfeln auftragen.

Frittura di ostriche

Ausgebackene Austern

60 Austern; 2 Eigelbe; 1 Bund Petersilie; Zitronensaft; Mehl; Olivenöl; Salz; Pfeffer aus der Mühle

1. Die Austern öffnen und das Muschelfleisch auslösen. Das Muschelfleisch in Salzwasser abspülen, um Sand und eventuelle Schalensplitter zu entfernen. Die Austern in eine Schüssel geben und mit Zitronensaft, feingehackter Petersilie und frisch gemahlenem Pfeffer aus der Mühle würzen.
2. Das Muschelfleisch 15 Minuten in der Marinade ziehen lassen. Das Eigelb mit 1 Eßlöffel Mehl zu einem glatten Teig verrühren und die Austern darin wenden.
3. Das Olivenöl in einem Topf erhitzen.
4. Die Austern portionsweise in heißem Öl goldgelb ausbacken, dabei darauf achten, daß nicht zu viele auf einmal ausgebacken werden, weil sonst das Öl zu stark abkühlt und die Austern leicht aneinanderkleben. Die ausgebackenen Austern mit einem Schaumlöffel aus dem Fett nehmen und auf Küchenpapier abtropfen lassen. Auf einer Platte anrichten und mit der Petersilie garniert servieren.

»Das Souper von Don Sanchio war exzellent und natürlich weit erlesener als das meine, denn sonst hätte er sich entehrt gefühlt. Er servierte uns weiße Trüffeln, Muscheln ...«

RECHTE SEITE
Käsefondue mit weißen Trüffeln

LINKS
Gebratener Spaghetti-Fladen

»Abgesehen von den Makkaroni bestand das Diner nur aus Vorspeisen.«

Frittata di scammaro

Gebratener Spaghetti-Fladen

750 g Spaghetti; 2 Knoblauchzehen; 0,2 l Olivenöl; 100 g schwarze Oliven; 75 g in Salz eingelegte Kapern; 125 g in Salz eingelegte Sardellen; 1 großes Bund Petersilie; Salz; Pfeffer

1. Die Kapern abspülen und 1/2 Stunde in viel kaltes Wasser legen, um ihnen das Salz zu entziehen. Die Oliven entsteinen. Die Sardellen unter fließendem kaltem Wasser abspülen und entgräten.
2. In einem großen Topf die Spaghetti in sprudelndem Salzwasser *al dente* kochen.
3. In der Zwischenzeit den Knoblauch in heißem Olivenöl bräunen. Kapern, Oliven und 2 Eßlöffel kaltes Wasser zugeben und mit der gehackten Petersilie und frisch gemahlenem Pfeffer aus der Mühle würzen. Das Ganze umrühren und einige Minuten schmoren lassen. Anschließend die Sardellenfilets zugeben und köcheln lassen, bis sie sich in der Sauce aufgelöst haben. Die Sauce mit den Spaghetti vermengen.
4. Das Olivenöl in einer Eisenpfanne erhitzen und die Nudeln hineingeben. Die Spaghetti mit dem Holzlöffel gleichmäßig in der Pfanne verteilen.
5. Die Spaghetti braten, die Pfanne dabei schräg halten und ständig rütteln, bis die Nudeln gleichzeitig am Rand und in der Mitte der Pfanne knusprig zu werden beginnen.
6. Den Spaghetti-Fladen goldbraun braten, die Pfanne mit einem Deckel oder einem großen Teller bedecken, wenden und den Fladen darauf stürzen.
7. Noch etwas Öl in die Pfanne geben und den Nudel-Fladen vorsichtig so hineingleiten lassen, daß die gebratene Seite nach oben zeigt.
8. Den Fladen auf der anderen Seite ebenfalls goldbraun und knusprig braten, die Pfanne dabei kräftig rütteln und neigen. Den Spaghetti-Fladen auf eine vorgewärmte Platte gleiten lassen und auftragen.

Die *frittata di scammaro* schmeckt auch kalt gut.

Acciughe marinate agli agrumi

Sardellen in Zitronen- und Orangensaft-Marinade

36 frische Sardellen, ausgenommen, entgrätet und filetiert; 6 Knoblauchzehen; 1 Bund Petersilie; Saft von 4 Zitronen und 1 Orange; Olivenöl; Salz; 1 Chilischote

1. Die Petersilie mit dem Knoblauch feinhacken.
2. Die Sardellenfilets abspülen und mit Küchenpapier trockentupfen. Auf einer Platte dicht nebeneinander auslegen und mit dem gehackten Knoblauch und der Petersilie bestreuen. Anschließend mit dem Olivenöl überziehen und 1/2 Stunde in den Kühlschrank stellen.
3. Aus dem Kühlschrank nehmen. Den Saft der Zitrusfrüchte durch ein Sieb über die Sardellenfilets gießen und mit Salz und feingehackter Chilischote bestreuen. Die Sardellenfilets einige Minuten in der Marinade ziehen lassen und servieren.

Crocchette di riso

Reiskroketten

400 g Carnaroli- oder Vialone-Reis; 50 g frisch geriebener Parmesan; 200 g Mozzarella; 3 EL Butter; 2 Eier; Semmelbrösel; 2 dicke Scheiben (120 g) gekochter Schinken; Olivenöl

1. Den Reis 15 Minuten in kochendem Salzwasser garen und abgießen. Den gekochten Reis mit Butter und geriebenem Parmesan aromatisieren und mit den verquirlten Eiern verrühren. Die Masse auf einer Platte verteilen und abkühlen lassen.
2. In der Zwischenzeit den gekochten Schinken und die Mozzarella in kleine Würfel schneiden.
3. Einen großen Löffel Reis in die Hand nehmen, einige Mozzarella- und Schinkenwürfel in die Mitte drücken und gut mit der Masse einschließen. Zu einer Kugel formen und in den Semmelbröseln wenden.
4. Mit den restlichen Kroketten ebenso verfahren, bis der Reis aufgebraucht ist. Die Reisbällchen sollten gleichmäßig von einer Schicht Semmelbröseln überzogen sein.
5. Die Reisbällchen portionsweise in heißem Öl schwimmend ausbacken, bis sie goldbraun und knusprig sind, und heiß servieren. Man sollte nicht zu viele Reisbällchen auf einmal ausbacken, weil das Öl sonst zu stark abkühlt.

Crostini di tartufi neri

Crostini mit schwarzen Trüffeln

schwarze Trüffeln; 1 Knoblauchzehe; Olivenöl; Baguette oder Toastbrot; Salz

1. Die Trüffeln sorgfältig mit einer harten Bürste säubern und anschließend mit einem feuchten Tuch abreiben, um alle Erdreste zu entfernen.
2. Die Trüffeln reiben und beiseite stellen.
3. In einem kleinen Topf das Olivenöl bei niedrigster Temperatur mit der geschälten, unzerteilten Knoblauchzehe erhitzen, die geriebenen Trüffeln zugeben und den Herd sofort ausschalten.
4. Die Knoblauchzehe entfernen, den Topfinhalt in eine Schüssel geben und die Oberfläche $1/2$ cm hoch mit Olivenöl bedecken.
5. Kurz vor dem Servieren das Baguette in Scheiben oder das Toastbrot in Dreiecke schneiden, rösten und großzügig mit der Trüffelcreme bestreichen.

Die Trüffelcreme schmeckt ebenso ausgezeichnet zu Bandnudeln.

Cozze gratinate

Überbackene Miesmuscheln

60 große Miesmuscheln; 8 Scheiben Toast- oder Weißbrot ohne Rinde; 2 Knoblauchzehen; 1 Bund Petersilie; 4 EL trockener Weißwein; 1 kleine Chilischote; Olivenöl; Salz; Pfeffer

1. In einem Topf reichlich Olivenöl erhitzen und den Knoblauch und die Chilischote darin anbraten.
2. Die geputzten, abgebürsteten und gründlich gewaschenen Muscheln sowie 3 Eßlöffel Wein zugeben. Die Muscheln bei starker Hitze zugedeckt garen, bis sich ihre Schalen öffnen.
3. Wenn sich die Muschelschalen geöffnet haben, sofort vom Herd nehmen und abkühlen lassen. Die lauwarmen Muscheln aus ihren Schalen lösen und zusammen mit der Kochflüssigkeit in eine Schüssel geben.
4. Das getrocknete Toast- oder Weißbrot mit den Händen ganz fein zerbröseln oder reiben. Die Semmelbrösel mit der Kochflüssigkeit der Muscheln verrühren, die feingehackte Petersilie zugeben und die Mischung mit Salz und Pfeffer abschmecken.
5. In die 30 schönsten Muschelschalenhälften jeweils 2 Muscheln setzen, darüber einen Löffel Semmelbrösel-Mischung verteilen und mit etwas Weißwein beträufeln.
6. Die Muscheln auf einer oder mehreren Platten anrichten und einige Minuten unter dem heißen Grill überbacken.

Pasticcio di crespelle

Pfannkuchen-Auflauf

2 Bund grüner Spargel; 1 Bund Petersilie; 0,1 l Olivenöl; 5 EL Wasser; Salz; Pfeffer

Für die *crespelle* (dünne Eierpfannkuchen): 250 g Mehl; 10 Eier; 0,2 l Wasser

Für die weiße Sauce (siehe Rezept S. 57: Reisauflauf mit Lauch und weißer Sauce): 3 EL Mehl; 3 EL Butter; 1/2 l Milch; 1/4 l Sahne

Für den Auflauf: 200 g Parmesan; 200 g Mozzarella; 3 EL Butter

1. Für die Eierpfannkuchen Mehl und Salz in eine Schüssel sieben. Nach und nach die Eier einarbeiten und zum Schluß das Wasser unterrühren. Dabei darauf achten, daß sich keine Klümpchen bilden. Den Teig mindestens 2 Stunden ruhen lassen.
2. Eine kleine Pfanne mit etwas Öl ausstreichen, ein wenig Teig hineingießen und die Pfanne schwenken, damit der Teig den Pfannenboden gleichmäßig hauchdünn überzieht. Wenn sich der Pfannkuchen vom Pfannenrand zu lösen beginnt, wenden, auf der anderen Seite einige Sekunden braten und aus der Pfanne nehmen. (Für die Zubereitung benötigt man außerdem einen großen Pfannkuchen zum Auskleiden der Form, das heißt, man muß die Pfannkuchen in unterschiedlich großen Pfannen backen.)
   Die Pfannkuchen lassen sich in Klarsichtfolie gewickelt einige Tage im Kühlschrank aufbewahren.

Für den Auflauf:

1. Den Spargel abspülen, den holzigen unteren Teil entfernen und die Spargelstangen in Scheiben schneiden. Den Spargel zugedeckt in dem Olivenöl 1/4 Stunde schmoren lassen. Eventuell während der Garzeit mit 1 Eßlöffel Wasser beträufeln, damit er nicht ansetzt. Mit Salz und Pfeffer würzen und ganz zum Schluß mit feingehackter Petersilie bestreuen.
2. Die Mozzarella in kleine Würfel schneiden und den Parmesan reiben.
3. Eine Auflaufform mit hohem Rand mit Butter ausstreichen und mit dem großen Pfannkuchen auskleiden. Er sollte den Rand der Form überlappen. Eine Schicht Spargel auf dem Boden der Form verteilen, mit 1 Eßlöffel weißer Sauce beträufeln und mit 1 gehäuften Eßlöffel Mozzarella und einer Handvoll Parmesan bestreuen. Darauf einen kleineren Pfannkuchen legen und mit dem Schichten fortfahren, bis die Form gefüllt und die Zutaten aufgebraucht sind.
4. Den überlappenden Pfannkuchen einschlagen und die Oberfläche damit bedecken, mit der Sauce überziehen und Butterflöckchen darüber verteilen.
5. Den Auflauf für 30 Minuten in den 200°C heißen Backofen schieben. Den *pasticcio* herausnehmen, 5 Minuten ruhen lassen und auf eine Platte stürzen.

Pizzelle fritte

Ausgebackene kleine Pizzas

800 g Mehl; 40 g Hefe; 500 g vollreife Tomaten; 2 EL Olivenöl; 2 Knoblauchzehen; 50 g Parmesan; 2 Bund Basilikum; lauwarmes Wasser; Salz

1. Die Hefe zerbröckeln, mit etwas lauwarmem Wasser und etwas Mehl verrühren und an einem warmen Ort mindestens 1/2 Stunde gehen lassen. Dabei darauf achten, daß der Vorteig keinem Luftzug ausgesetzt ist. Das restliche Mehl auf einer Arbeitsfläche aufhäufen und den Vorteig und eine Prise Salz zugeben.
2. Den Teig etwa 15 Minuten kräftig durchkneten und dabei einige Tropfen lauwarmes Wasser zugeben. Wenn der Teig geschmeidig und glatt ist, in kleine Stücke zerteilen und zu Kugeln formen. Die Teigkugeln auf einem leicht bemehlten Geschirrtuch auslegen und mit einem Leinentuch bedecken. Die Teigkugeln etwa 1 1/2 Stunden gehen lassen.
3. Aus Olivenöl, Tomaten und Knoblauch ein dickes Püree kochen und mit Salz abschmecken. Den Parmesan reiben, die Basilikumblätter abzupfen.
4. In einer Friteuse eine großzügige Menge Öl erhitzen. Die Teigbällchen nacheinander in die Hand nehmen und zu runden Fladen formen, deren Ränder etwas dicker sein sollten als die Teigmitte. Die Teigfladen in heißem Öl schwimmend ausbacken. Dabei darauf achten, daß nicht zu viele Fladen auf einmal ausgebakken werden, weil sonst das Öl zu stark abkühlen würde. Wenn die Pizzas goldgelb ausgebacken sind, herausnehmen und auf Küchenpapier abtropfen lassen.

5. Jede Pizza mit 1 Eßlöffel Tomatenpüree bestreichen und mit geriebenem Parmesan bestreuen, mit jeweils 1 Basilikumblatt garnieren und heiß servieren.

Man kann die Pizzas auch folgendermaßen belegen: mit Tomate, Knoblauch und Oregano; mit frischen Tomaten und Basilikum; mit Parmesan, heißem Olivenöl und Basilikum oder mit Öl und gehackten Oliven.

Polenta

Polenta (Maisbrei)

1 kg Maismehl; 3 l Wasser; 1 EL grobes Meersalz

1. Wasser und Salz in einem großen Topf zum Kochen bringen. (Auf traditionelle Weise kocht man die Polenta in Italien immer noch in einem Kupferkessel, dem *paiolo,* über offenem Feuer.) Zwei Drittel des Maismehls unter ständigem Rühren mit einem Schneebesen einrieseln lassen. Die Polenta 15 Minuten unter kräftigem Rühren köcheln lassen, dann nach und nach das restliche Maismehl unterrühren.
2. Die Polenta weitere 40 Minuten unter ständigem Rühren garen.
3. Falls der Maisbrei zu dick wird, etwas kochendes Wasser unterrühren. Falls er zu dünn geraten ist, noch etwas Maismehl einrieseln lassen.
4. Die Konsistenz der Polenta hängt von deren weiterer Verwendung ab: Wenn man sie in der Pfanne brät, unter dem Grill bräunt oder ein Gratin daraus zubereitet, sollte sie eine festere Konsistenz haben. Serviert man sie als Beilage zu einem Gericht, das Sauce enthält, darf sie ruhig etwas cremiger sein und sollte stets ganz heiß auf den Tisch kommen.
5. Im ersten Fall die Polenta auf einem leicht befeuchteten Brett oder einer Marmorplatte ausstreichen und abkühlen lassen. Anschließend in Scheiben, dann in Streifen schneiden und in etwas Öl braten, bis letztere knusprig zu werden beginnen. Man kann sie aber auch unter dem heißen Grill bräunen.

In Venedig verwendet man zweierlei Sorten Maismehl, ein weißes und ein gelbes, wobei das gelbe ein kräftigeres, das weiße ein feineres Aroma hat.

OBEN
Polenta

*P*RIMI PIATTI

Nudeln, Gnocchi, Risotti und Suppen

Agnolotti al burro e salvia

Agnolotti mit Butter und Salbei

Für die Füllung: 250 g Kalbsnuß; 100 g Kalbshirn; 1 Mohrrübe; 1 Stange Sellerie; 1 Zwiebel; 1 Lorbeerblatt; 1 Thymianzweig; 0,1 l trockener Weißwein; 150 g Wirsing; 1 EL Butter; 1 Ei; 1 gehäufter EL frisch geriebener Parmesan; Olivenöl; Brühe; Salz; Pfeffer; geriebene Muskatnuß
Für den Teig: 400 g Mehl; 4 Eier; 1 EL Olivenöl; 1 Eigelb; Salz
Zum Servieren: 6 EL Butter; Salbeiblätter
Für das Nudelwasser: 1 Brühwürfel

1. Mehl, Eier, Öl und Salz zu einem glatten, elastischen Teig verkneten. Den Teig zu einer Kugel formen, in Klarsichtfolie wickeln und ruhen lassen.
2. In der Zwischenzeit das Kalbfleisch in etwas Olivenöl goldbraun anbraten. Die in kleine Würfel geschnittenen Gemüse sowie den Thymian und das Lorbeerblatt zugeben und schmoren lassen.
3. Weißwein zugießen und etwas einkochen lassen. Halbhoch mit Brühe aufgießen und köcheln lassen.
4. Die Wirsingblätter in kochendem Salzwasser blanchieren, abschrecken, abtropfen lassen und grob hakken. Den Wirsing in einer Pfanne in etwas Butter schmoren und mit Salz würzen.
5. Das Kalbshirn säubern und blanchieren.
6. Kalbfleisch, Kalbshirn und den Wirsing feinhacken oder im Mixer fein zerkleinern. Parmesan, Ei sowie eine Prise geriebene Muskatnuß unter die Farce rühren und mit Salz und Pfeffer abschmecken.
7. Den Nudelteig zu dünnen, 8 cm breiten Streifen ausrollen. Das Eigelb mit etwas Wasser verrühren und die Teigränder damit bestreichen.
8. Etwas Farce in regelmäßigen Abständen von 4 bis 5 cm auf den Teig häufen und mit einem gleich großen zweiten Teigstreifen bedecken. Den Teig zwischen den Häufchen mit den Fingern fest andrücken und die einzelnen Teigtaschen zwischen den Häufchen mit einem Teigrädchen zu Quadraten ausschneiden.
9. In einem großen Topf Wasser zum Kochen bringen, einen Brühwürfel darin auflösen, die Agnolotti hineingeben und gar kochen. Das Wasser abgießen und die Agnolotti mit der Kalbsbratensauce und mit der zerlassenen, mit Salbeiblättern aromatisierten Butter vermengen und servieren.

Tagliolini alle capesante

Tagliolini mit Jakobsmuscheln

600 g Tagliolini (dünne Bandnudeln); 600 g ausgelöstes frisches Jakobsmuschelfleisch, ohne Corail; 1 Knoblauchzehe; 0,2 l Olivenöl; 2 EL Olivenöl; 0,1 l Weißwein; 1 EL feingehackte Petersilie; 1 Knoblauchzehe; 1 Bund Petersilie; 1 Stange Sellerie; 10 Basilikumblätter

1. Das Jakobsmuschelfleisch sorgfältig säubern, abspülen und jeweils in vier Stücke schneiden. In einer Pfanne 0,1 Liter Olivenöl erhitzen, den Knoblauch hineingeben und goldbraun braten. Das Muschelfleisch zugeben. Sobald es zu bräunen beginnt, mit dem Weißwein aufgießen. Den Wein bei hoher Temperatur schnell einkochen lassen und die Pfanne vom Herd nehmen. Das Muschelfleisch herausnehmen und auf einer Platte warm stellen.
2. In dieselbe Pfanne das restliche Öl (0,1 Liter) geben. Die zweite Knoblauchzehe feinhacken und mit der gehackten Petersilie, dem in kleine Würfel geschnittenen Sellerie und dem feingehackten Basilikum 2 bis 3 Minuten im heißen Öl bei starker Hitze anbraten. Zum Schluß das Jakobsmuschelfleisch unterrühren.
3. In der Zwischenzeit die Tagliolini *al dente* kochen. Abgießen, abtropfen lassen und zum Muschelfleisch geben. Mit 2 Eßlöffel Olivenöl beträufeln, vermischen und mit der gehackten Petersilie bestreuen.

RECHTE SEITE
Tagliolini mit Jakobsmuscheln

Pasta e fagioli alla veneta

Bohnensuppe mit Nudeln

1 kg getrocknete Borlotti-Bohnen; 2 Mohrrüben; 2 Stangen Sellerie; 2 mehlige Kartoffeln; 2 milde Zwiebeln; 1 Rosmarinzweig; 2 dickere Scheiben San-Daniele-Schinken; 200 g Bandnudeln; 2 Brühwürfel; etwa 0,2 l Olivenöl; 2 Knoblauchzehen; 4 Rosmarinzweige; frisch geriebener Parmesan; Salz; Pfeffer

1. Die Bohnen über Nacht in kaltem Wasser einweichen. Am nächsten Tag das Einweichwasser abgießen, die Bohnen unter fließendem kaltem Wasser abspülen und abtropfen lassen.
2. Die Bohnen in einen großen Topf, nach Möglichkeit in einen Steinguttopf, geben. Die geschälten Kartoffeln, die Mohrrüben und den Sellerie in Stücke schneiden, die Zwiebeln feinhacken und zusammen mit dem Rosmarin und dem in kleine Würfel geschnittenen Schinken zu den Bohnen geben.
3. Alles großzügig mit kaltem Wasser bedecken. Die beiden Brühwürfel, 2 Eßlöffel Olivenöl, Salz und Pfeffer zugeben und zum Kochen bringen. Die Hitze reduzieren und die Suppe zugedeckt etwa 2 Stunden leise köcheln lassen.
4. Wenn die Gemüse gar sind, drei Viertel des Topfinhalts entnehmen und durch die feine Scheibe einer Gemüsemühle passieren oder mit dem Mixstab oder im Mixer pürieren.
5. Das pürierte Gemüse wieder in den Topf geben und die Suppe nochmals aufkochen lassen.
6. In einer kleinen Kasserolle etwa 0,1 Liter Olivenöl erhitzen, den grobgehackten Knoblauch und den Rosmarin zugeben, anbraten und zur Bohnensuppe geben.
7. Die Bandnudeln in größere Stücke brechen und in die kochende Suppe geben. Die Nudeln *al dente* kochen und den Topf vom Herd nehmen.

Pasta e fagioli kann man lauwarm oder kalt servieren. Man würzt die Suppe mit Olivenöl, frisch geriebenem Parmesan und Pfeffer aus der Mühle.

Oben
Bohnensuppe mit Nudeln

Bigoli in salsa

Bigoli mit Zwiebel-Sardellen-Sauce

600 g Bigoli; 0,1 l Olivenöl; 1 große weiße Zwiebel; 100 g in Salz eingelegte Sardellen; Pfeffer; grobes Meersalz für das Nudelwasser

Bigoli sind eine typische Spezialität des Veneto. Der Teig wird wie für andere Nudeln auch aus Mehl und Eiern hergestellt. Man rollt ihn dünn und lang aus und schneidet mit einem speziellen Gerät, dem *bigolaro,* spaghettiähnliche Nudeln daraus. Heute kann man Bigoli in ausgezeichneter Qualität fertig in italienischen Lebensmittelläden kaufen.

1. Die Zwiebel schälen und in dünne Scheiben schneiden. Das Olivenöl in einer Pfanne erhitzen und die Zwiebelringe darin anbraten. Die Sardellen unter fließendem kaltem Wasser abspülen und sorgfältig alle Gräten entfernen.
2. Wenn die Zwiebel glasig ist, die Sardellenfilets zugeben und 1 Minute mitschmoren lassen. Die Herdplatte ausschalten und die Sauce mit frisch gemahlenem Pfeffer aus der Mühle würzen.
3. Die Bigoli in einem großen Topf in sprudelndem Salzwasser *al dente* kochen. Das Wasser abgießen, die Bigoli abtropfen lassen und in die Pfanne zu der Sauce geben. Einen Eßlöffel Olivenöl darüber verteilen, alles gut miteinander vermengen und auftragen.

Gnocchi dorati al forno

»Goldene« Gnocchi aus dem Ofen

1 l Milch; 250 g Maismehl; 2 Eigelbe; 100 g Butter; frisch geriebener Parmesan; Salz

1. In einem Topf die Milch zum Kochen bringen. Wenn sie zu kochen beginnt, unter ständigem Rühren das Maismehl einrieseln lassen. Dabei darauf achten, daß sich keine Klümpchen bilden.
2. Den Maisbrei unter kräftigem Rühren 10 Minuten köcheln lassen, bis er sich vom Boden und von den Wänden des Topfes löst. Den Maisbrei vom Herd nehmen und Salz, Eigelb, eine gute Handvoll Parmesan und 50 Gramm Butter unterrühren.
3. Den Maisbrei auf einer leicht befeuchteten Marmorplatte etwa 1 cm dick ausstreichen. Das geht am besten mit einem langen Messer, dessen Klinge man vorher in kaltes Wasser taucht.
4. Den Teig etwa 1 Stunde abkühlen lassen. Mit einem Ausstechförmchen runde oder rautenförmige Gnocchi ausstechen und in einer feuerfesten Form dachziegelartig auslegen. Die Gnocchi mit Parmesan bestreuen.
5. Mit der restlichen, zerlassenen Butter beträufeln.
6. Die Gnocchi im 250°C heißen Ofen etwa 15 Minuten goldgelb überbacken.

»Vollgestopft mit Makkaroni, wie wir es waren, und trunken vom Chianti und Montepulciano, hatten wir keine Lust mehr, Liebe zu machen.«

UNTEN
Bigoli mit Zwiebel-Sardellen-Sauce

Minestrina di chiare d'uovo

Consommé mit Ei

5 Eiweiße; 2 Eigelbe; 5 EL frisch geriebener Parmesan; 5 EL Semmelbrösel; Rinderbrühe; Rotwein

1. Eiweiß und Eigelb wie zu einem Omelett aufschlagen, Parmesan und Semmelbrösel unterrühren und mit Salz und Pfeffer würzen.
2. Die Rinderbrühe erhitzen. Wenn sie zu kochen beginnt, die Hitze reduzieren. Vom Teig mittels zweier Teelöffel Nocken formen und in die heiße Brühe geben. 3 Minuten ziehen lassen, dann den Topf vom Herd nehmen. Die Consommé mit einem bis zwei Eßlöffel Rotwein aromatisieren und sofort servieren.

Spaghetti con la bottarga

Spaghetti mit Bottarga

600 g Spaghetti; 5 EL Olivenöl; 150 g Bottarga (konservierter Fischrogen); 2 Knoblauchzehen; 1 Chilischote; 1 EL feingehackte Petersilie; 1/4 Zitrone

1. Die Spaghetti in sprudelndem Salzwasser *al dente* kochen. In der Zwischenzeit das Olivenöl in einem Topf erhitzen. Die Chilischote und den gehackten Knoblauch hineingeben und goldbraun braten.
2. Die Spaghetti abgießen, abtropfen lassen und zum Knoblauch geben. Den Topf vom Herd nehmen und die Spaghetti gut mit dem Öl und dem Knoblauch vermengen. Die Bottarga darüber reiben und die Spaghetti mit gehackter Petersilie und einigen Tropfen Zitronensaft aromatisieren.

Risotto allo champagne

Risotto mit Champagner

600 g Vialone-Reis; 1/2 Flasche Champagner; 0,3 l Sahne; 5 EL Butter; 1 l Brühe; 200 g frisch geriebener Parmesan; 1 kleine Zwiebel, gehackt; 1 EL Olivenöl

1. In einer Kasserolle 2 Eßlöffel Butter und 1 Eßlöffel Öl erhitzen, die gehackte Zwiebel zugeben und glasig braten, ohne sie zu bräunen. Den Reis zugeben.

2. Den Reis unter Rühren ebenfalls glasig werden lassen. Mit etwas kochender Brühe aufgießen, gut umrühren und köcheln lassen. Wenn der Reis die Flüssigkeit aufgenommen hat, nochmals mit einer Schöpfkelle Brühe aufgießen. Den Vorgang unter ständigem Rühren einige Male wiederholen.
3. Nach der Hälfte der Garzeit statt mit Brühe mit Champagner aufgießen, dabei mit der Zugabe ebenfalls immer so lange warten, bis der Reis die Flüssigkeit aufgenommen hat.
4. Den Risotto vom Herd nehmen und die steif geschlagene Sahne, die Butter und die Hälfte des geriebenen Parmesans unterrühren.
5. Den Risotto sofort servieren. Den restlichen Parmesan in einem Schälchen dazu auftragen.

Dieser Risotto wird gehaltvoller, wenn man ihn mit einer ganzen Flasche Champagner zubereitet, 1/2 Liter Sahne und lediglich 3/4 Liter Brühe zum Kochen verwendet.

Pasticcio di melanzane e maccheroni alla napoletana

Auberginen-Makkaroni-Auflauf auf neapolitanische Art

800g Mezzi Ziti oder Makkaroni; 6 längliche Auberginen; 2 l Ragout auf neapolitanische Art (siehe Seite 163); 2 EL Butter; Olivenöl; 150 g frisch geriebener Parmesan; 300 g Mozzarella; 20 Basilikumblätter
Für die Fleischbällchen: 200 g Hackfleisch; 2 Scheiben Weiß- oder Toastbrot, in Milch eingeweicht; 1 Ei; 1 EL frisch geriebener Parmesan; 1 Bund Petersilie, feingehackt; Salz; Pfeffer; geriebene Muskatnuß

1. Das Ragout auf neapolitanische Art sollte man am besten am Vortag, zumindest jedoch einige Stunden im voraus zubereiten.
2. Die Auberginen zunächst längs in hauchdünne Scheiben schneiden und dann in viel Olivenöl anbraten. Die Mozzarella in Würfel schneiden.
3. Aus Hackfleisch, eingeweichtem, gut ausgedrücktem Weißbrot, Ei, Parmesan, Petersilie, Salz, Pfeffer und geriebener Muskatnuß einen Teig herstellen. Aus dem Fleischteig haselnußgroße Bällchen formen. In einer Pfanne 2 Eßlöffel Olivenöl erhitzen und die Fleischbällchen darin auf allen Seiten goldbraun braten.
4. Eine Charlotte-Form von 25 cm Durchmesser und 12 bis 13 cm Höhe mit Butter ausstreichen. Zuerst den Boden der Form, dann die Wände leicht übereinanderlappend mit den Auberginenscheiben auskleiden.
5. Genügend Auberginenscheiben zurückbehalten, um den Auflauf damit zu bedecken. Die restlichen Gemüsescheiben in Stücke schneiden und zu den gekochten Nudeln geben.
6. Die Ziti in etwa 10 cm lange Stücke brechen und in sprudelndem Salzwasser 2 Minuten kochen. Das Wasser abgießen, die Nudeln unter fließendem kaltem Wasser abschrecken, um den Garprozeß zu unterbrechen, und abtropfen lassen.
7. Die Ziti mit einer großzügigen Menge Ragout-Sauce vermischen. Parmesan, feingehacktes Basilikum, Fleischbällchen, die restlichen, in Stücke geschnittenen Auberginen und die Mozzarella unterrühren.
8. Die Ziti in die vorbereitete Charlotte-Form geben, mit den restlichen Auberginenscheiben bedecken.
9. Den Auflauf 30 Minuten in dem 200°C heißen Ofen backen. Den Auberginen-Makkaroni-Auflauf aus dem Ofen nehmen, 10 Minuten ruhen lassen und auf eine Platte stürzen.

»Ich befand mich noch mit der ganzen schönen Gesellschaft zu Tisch, als ein Geistlicher mir mitteilte, daß ich in der Sakristei erwartet würde. Den Magen voll und den Kopf benebelt, breche ich auf, laufe zur Kirche und steige auf die Kanzel.«

LINKE SEITE UND UNTEN
Auberginen-Makkaroni-Auflauf auf neapolitanische Art

Pasta e zucchine

Nudeln mit Zucchini

600 g Spaghetti; 600 g Zucchini; 3 Eier; 1 Eigelb; 150 g frisch geriebener Parmesan; 1 Bund Basilikum; 2 Knoblauchzehen; 1 kleine Chilischote; 0,1 l Olivenöl; Salz; Pfeffer

1. Die Zucchini abspülen, trockentupfen und in kleine Würfel schneiden. Die Hälfte des Olivenöls in einer Pfanne erhitzen, Zucchini, Knoblauch und Chilischote hineingeben und goldbraun braten.
2. Die Zucchiniwürfel mit einem Schaumlöffel aus dem Öl nehmen und in eine Suppenschüssel geben.
3. Die Eier und das Eigelb in einer Schüssel aufschlagen, das restliche Olivenöl und den Parmesan unterrühren und die Mischung zu den Zucchini geben. Mit Salz und Pfeffer aus der Mühle würzen.
4. Die Spaghetti in sprudelndem Salzwasser *al dente* kochen, das Wasser abgießen und die Nudeln abtropfen lassen. Die Spaghetti zum Gemüse geben, alles schnell miteinander vermengen, damit die Eier nicht gerinnen, und mit dem feingehackten Basilikum bestreut auftragen.

Gnocchi di zucca

Kürbis-Gnocchi

1 ½ kg Kürbis, geschält; 2 Eier; 200 g Mehl; 100 g frisch geriebener Parmesan; Butter; geriebene Muskatnuß; Salz; Pfeffer
Zum Servieren: Parmesan; Butter; 1 Knoblauchzehe; grobes Meersalz

1. Den Kürbis abspülen, trockentupfen und in 4 cm große Würfel schneiden. In den auf 100°C vorgeheizten Ofen geben und weich werden lassen.
2. Die Kürbisstücke aus dem Ofen nehmen, durch ein feines Sieb passieren und das Kürbispüree auf einer Arbeitsfläche anhäufen. Mit Salz, Pfeffer sowie geriebener Muskatnuß würzen und mit den Eiern und dem geriebenen Parmesan vermengen.
3. Das Mehl zugeben und das Ganze schnell zu einem glatten Teig verkneten.
4. Ein orangegroßes Stück Teig abnehmen und auf einer leicht bemehlten Arbeitsfläche daraus eine daumendicke Rolle formen.
5. Die Teigrolle in 2 cm lange Stücke schneiden, diese mit dem Daumen auf den Zacken einer Gabel abrollen, so daß sie ringsherum mit einem Rillenmuster versehen werden. Die Gnocchi auf einem leicht bemehlten Küchentuch auslegen.
6. In einer kleinen Kasserolle die Butter mit dem zerdrückten Knoblauch zerlassen, ohne daß sie Farbe annimmt, und vom Herd nehmen.
7. In einem großen Topf Salzwasser zum Kochen bringen. Wenn es zu sprudeln beginnt, die Gnocchi hineingeben und 2 bis 3 Minuten kochen lassen, bis sie an die Oberfläche steigen. Dann die Gnocchi mit einem Schaumlöffel herausnehmen und auf eine vorgewärmte Platte geben.
8. Die Gnocchi mit Parmesan bestreuen, mit der zerlassenen Knoblauchbutter beträufeln und auftragen.

Gnocchetti alla crema di formaggio

Kleine Gnocchi mit Käsesauce

½ l Milch; 100 g Butter; 250 g Mehl; 6 Eier; 130 g frisch geriebener Parmesan; 0,3 l weiße Sauce (siehe Rezept Reisauflauf mit Lauch und weißer Sauce); 50 g Emmentaler; 2 Eigelbe; geriebene Muskatnuß; Salz; Pfeffer

1. Die Milch zusammen mit der Butter, einer Prise Salz und etwas geriebener Muskatnuß in einen Topf geben und kurz aufkochen lassen. Vom Herd nehmen und das Mehl auf einmal hineingeben. Kräftig umrühren.
2. Den Topf wieder auf den Herd stellen und die Masse unter ständigem kräftigem Rühren einige Minuten köcheln lassen, bis sie Blasen zu werfen beginnt.
3. Vom Herd nehmen und etwas abkühlen lassen. Nach und nach die Eier und anschließend 100 Gramm geriebenen Parmesan unterrühren.
4. Den Teig in einen Spritzbeutel mit einer Tülle von 2 cm Durchmesser füllen. In einem großen Topf Salzwasser zum Kochen bringen. Aus dem Spritzbeutel den Teig gleichmäßig herausdrücken und die zylindrische Teigschlange mit einem Messer in Stücke von

etwa 2 cm Länge kappen. Die Teigstücke vorsichtig ins Wasser gleiten lassen.

5. Die Gnocchi im sprudelnden Wasser etwa 5 Minuten kochen. Das Wasser abgießen, die Gnocchi unter fließendem kaltem Wasser abschrecken und abtropfen lassen.
6. Die Gnocchi auf feuerfeste Förmchen verteilen, mit dem restlichen Parmesan bestreuen und mit der weißen Sauce, die noch mit etwas geriebenem Emmentaler gewürzt und mit Eigelb legiert wird, überziehen. Die Förmchen in den 170°C heißen Ofen schieben und die Gnocchi etwa 7 Minuten überbacken. Aus dem Ofen nehmen und sofort auftragen.

Forma di riso ai porri con salsa bianca

Reisauflauf mit Lauch und weißer Sauce

500 g Vialone-Reis; 6 Stangen Lauch; 100 g frisch geriebener Parmesan; 120 g Butter; 100 g gekochter Schinken; 1 Frühlingszwiebel, feingehackt; Gemüsebrühe; trockener Weißwein; Olivenöl; Salz
Für 0,3 Liter weiße Sauce: 0,2 l Milch; 2 EL Mehl; 2 EL Butter; 0,2 l Sahne; Salz; geriebene Muskatnuß

1. Den Lauch putzen, gründlich abspülen und in dünne Streifen schneiden. 2 Eßlöffel Olivenöl und 50 Gramm Butter bei niedriger Temperatur erhitzen und den Lauch darin schmoren. Mit Salz würzen.
2. Den Schinken in kurze, dünne Streifen schneiden. Einige Schinkenstreifen zum Garnieren beiseite stellen.
3. Den Reis in sprudelndem Salzwasser 13 Minuten nicht zu weich kochen. Abgießen und den Reis mit der Butter, der Hälfte des Parmesans, einigen Eßlöffeln Lauch und der Hälfte des gekochten Schinkens vermischen. Diese Mischung in eine großzügig ausgebutterte oder eingeölte Savarin- oder Ringform füllen und mit einem Holzlöffel fest herunterdrücken. Die Form einige Male kräftig auf den Tisch klopfen und rütteln.
4. Für die weiße Sauce die Butter in einer Kasserolle zerlassen. Das Mehl zugeben und unter ständigem Rühren einige Minuten anschwitzen lassen. Nach und nach unter ständigem Rühren die Milch zugießen und darauf achten, daß sich keine Klümpchen bilden. Langsam zum Kochen bringen, mit Salz und geriebener Muskatnuß würzen und bei niedriger Temperatur 20 Minuten köcheln lassen. Die Sauce dabei gelegentlich umrühren, damit sich auf der Oberfläche keine Haut bildet.
   Die Sauce, falls nötig, durch ein feines Sieb passieren und vom Herd nehmen. Mit einem Schneebesen nach und nach die Sahne unterrühren.
5. Die Ringform für 10 Minuten in den auf 200°C vorgeheizten Ofen schieben. Herausnehmen und die Form auf eine Platte stürzen. Die Mitte des Reisrands mit dem restlichen Lauch und dem Schinken füllen, den Reisrand leicht mit der weißen Sauce überziehen und mit den Schinkenstreifen und der feingehackten Frühlingszwiebel garnieren. Die restliche Sauce in eine Sauciere gießen.
   Den Reisauflauf mit einem Schälchen Parmesan und der Sauce servieren.

OBEN
Reisauflauf mit Lauch und weißer Sauce

Risotto alle verdure

Gemüse-Risotto

500 g Vialone-Reis; 1 Bund wilder Spargel; 2 runde, zarte Artischocken; 1 kleines Bund glatte Petersilie; 500 g junge Erbsen, enthülst; 200 g Pilze; 3 kleine Zucchini; 1 Knoblauchzehe; Petersilie; Zitrone; 2 Frühlingszwiebeln mit Grün; 1 Romana-Salat; 50 g Butter; 1 ½ l Brühe; 1 EL Zucker; Olivenöl; 5 EL frisch geriebener Parmesan; Salz

1. Die Gemüse putzen, abspülen und folgendermaßen kurz zubereiten (fertiggegart werden sie im Risotto):
   - die in dünne Streifen geschnittenen Artischocken in etwas Öl, mit Knoblauch, Petersilie und ein paar Tropfen Wasser schmoren;
   - die in dünne Scheiben geschnittenen Pilze in etwas Öl, mit Knoblauch und einigen Tropfen Zitronensaft schmoren, mit Salz und gehackter Petersilie würzen;
   - die jungen Erbsen in etwas Öl, mit Frühlingszwiebeln, Romana-Salat, Zucker und Salz schmoren;
   - den in Stücke geschnittenen Spargel in etwas Öl anbraten, die Spargelspitzen beiseite stellen.
2. Alle vorbereiteten Gemüse mit Ausnahme der Spargelspitzen in einen Topf geben und bei niedriger Temperatur 5 Minuten schmoren lassen. Den Reis zugeben und kurz anbraten. Wenn er glasig ist, etwas heiße Brühe zugießen. Wenn der Reis die Flüssigkeit aufgenommen hat, mit etwas Brühe aufgießen und umrühren. Diesen Vorgang unter ständigem Rühren mehrmals wiederholen, bis der Risotto gar ist.
3. Den Topf vom Herd nehmen und die Butter und 3 Eßlöffel Parmesan unter den Risotto rühren. Den Risotto auf einer Platte anrichten, mit den Spargelspitzen garnieren und servieren. Den restlichen Parmesan in einem Schälchen dazu auftragen.

Risi in cavroman

Risotto mit Lammfleisch

500 g Vialone-Reis; 500 g Lammschulter mit Knochen; 1 Zwiebel, gehackt; 1 kleines Stück Zimtstange; 3 EL trockener Weißwein; 1 ½ l Brühe; 3 EL Butter; Olivenöl; frisch geriebener Parmesan; Salz; Pfeffer

1. Die Lammschulter mit Salz und Pfeffer einreiben. In einem Schmortopf das Olivenöl erhitzen und die Lammschulter auf allen Seiten braun anbraten. Das Fleisch aus dem Topf nehmen und warm stellen.
2. Die Zwiebel in den Topf geben und bei niedriger Temperatur glasig schmoren. Damit sie nicht braun wird, gelegentlich ein paar Tropfen Wasser zugeben. Das Lammfleisch und die Zimtstange zugeben. Zugedeckt bei schwacher Hitze schmoren lassen.
3. Den Bratensatz gelegentlich mit Weißwein oder Brühe löschen, damit die Sauce kräftig wird.
4. Nach etwa 2 Stunden sollte die Lammschulter so weich sein, daß sich das Fleisch von den Knochen löst und in Stücke zerfällt. Knochen und Zimtstange entfernen. Den ungewaschenen Reis in den Topf zum Fleisch geben und mit der Zubereitung wie für einen klassischen Risotto fortfahren. Etwas kochende Brühe zugeben, umrühren. Wenn der Reis die Flüssigkeit aufgenommen hat, wieder etwas Brühe zugießen. Den Vorgang einige Male wiederholen, bis der Risotto die richtige Konsistenz hat und gar ist.
5. Den Topf vom Herd nehmen, Butter und frisch geriebenen Parmesan unterrühren und servieren.

Risi e bisi

Reis mit Erbsen

1 ¼ kg junge Erbsen; 300 g Vialone-Reis; 1 l Gemüsebrühe; 3 EL Butter; 0,1 l Olivenöl; 1 Zwiebel; 2 Stangen Sellerie; 1 Bund Petersilie; 5 EL frisch geriebener Parmesan; Salz; Pfeffer

1. Die Erbsen enthülsen. Die Schoten in einen Topf geben, mit Wasser bedecken und zu einer Brühe kochen, die dem Gericht Aroma verleihen soll. Das Olivenöl erhitzen, die feingehackte Zwiebel und den kleingeschnittenen Sellerie darin glasig werden lassen.
2. Die Erbsen, etwas Salz und frisch gemahlenen Pfeffer aus der Mühle zugeben. Nach einigen Minuten den ungewaschenen Reis zugeben, gut umrühren und glasig werden lassen. Mit zwei Schöpfkellen kochender Gemüsebrühe aufgießen. Wenn der Reis nahezu alle Flüssigkeit aufgenommen hat, eine weitere Schöpfkelle Brühe zugießen und Reis und Erbsen unter stän-

digem Rühren garen lassen. Wenn der Reis die Flüssigkeit aufgenommen hat, wieder etwas kochende Brühe zugießen. Den Vorgang einige Male wiederholen, bis der Reis gar ist (nach etwa 15 bis 20 Minuten). Das Gericht sollte die Konsistenz einer sämigen, dickflüssigen Suppe haben.

3. Den Topf vom Herd nehmen und mit einem Holzlöffel Butter, eine gute Handvoll frisch geriebenen Parmesan und feingehackte Petersilie unterrühren. Den Reis sofort mit einem Schälchen Parmesan auftragen.

Sformato di cappellini

Cappellini-Auflauf

500 g Cappellini (Fadennudeln); 100 g Butter; 5 EL frisch geriebener Parmesan; 1 Ei; 1 Eigelb; 1 EL Butter für die Form; Semmelbrösel

Für die Spargelcreme: 1 Bund wilder Spargel; 2 EL Butter; 0,1 l Sahne; 0,2 l Brühe; 1 kleine milde Zwiebel, feingehackt

1. Eine Auflaufform mit Butter ausstreichen und mit Semmelbröseln bestreuen. Die Form drehen, damit sie gleichmäßig von den Semmelbröseln überzogen ist, wenden und überschüssige Semmelbrösel entfernen.
2. Die Cappellini in 1 Minute *al dente* kochen, abgießen und abtropfen lassen. Die Nudeln mit der Butter, dem Parmesan und den Eiern vermengen. Die Cappellini in die vorbereitete Auflaufform geben. Die Form in den 250°C heißen Backofen schieben.
3. Den Auflauf nach etwa 10 Minuten aus dem Ofen nehmen und auf eine Platte stürzen. Den Cappellini-Auflauf mit einer Bratensauce servieren und mit in Öl und Knoblauch gebratenen Steinpilzen umlegen oder mit einer Spargelcreme auftragen.

ZUBEREITUNG DER SPARGELCREME:

1. Die Zwiebel in der heißen Butter bei niedriger Temperatur glasig werden lassen, ohne sie zu bräunen. Den geschälten und in Stücke geschnittenen Spargel zugeben, kurz mitschmoren lassen, dann mit der Brühe aufgießen. Einige Minuten köcheln lassen, anschließend die Sauce im Mixer pürieren. Die Sauce wieder in den Topf geben, aufkochen lassen, die Sahne unterrühren und mit Salz und Pfeffer würzen.

Riso e rape

Reissuppe mit weißen Rübchen

300 g Reis; 4 große weiße Rübchen; 3 EL Butter; 3 EL Olivenöl; Petersilie; alter Montasio, ersatzweise Parmesan; Salz; Pfeffer

1. Die weißen Rübchen schälen und in dünne Scheiben schneiden.
2. Butter und Öl in einem Topf erhitzen, die Rübchen darin anschmoren, ohne daß sie Farbe annehmen, und mit $1\frac{1}{2}$ Liter Wasser aufgießen. Einige Minuten kochen lassen, dann den Reis zugeben.
3. Wenn Reis und weiße Rübchen gar sind, die Suppe in eine Suppenschüssel geben, mit feingehackter Petersilie bestreuen und mit einem Schälchen geriebenem Käse auftragen.

OBEN
Cappellini-Auflauf

Carni

Fleisch

Pollastrella in bianco con riso pilaw

Poularde mit weißer Sauce und Pilaw-Reis

1 Poularde; 1 Stange Sellerie; 1 milde Zwiebel; 1 Mohrrübe; 2 l Fleischbrühe; grobes Meersalz
Für die Sauce: 1 EL Mehl; 3 EL Butter; 1 Eigelb; einige Tropfen Zitronensaft
Für den Pilaw-Reis: 400 g Carnaroli-Reis; 4 EL Olivenöl; 1 kleine Zwiebel; 5 EL Weißwein; 1 l Gemüsebrühe; 1 EL Butter; Salz; Pfeffer aus der Mühle

1. Die Fleischbrühe durch ein feines Sieb in einen Topf gießen, der gerade groß genug ist, die Poularde aufzunehmen. Zwiebel und Mohrrübe schälen und zusammen mit dem Stangensellerie in die Brühe geben. Das Ganze aufkochen lassen. Die Poularde abspülen, mit Küchenpapier trockentupfen und in die kochende Brühe geben.
2. Das Geflügel in zugedecktem Topf bei niedriger Temperatur in der Brühe gar kochen, mit Salz und Pfeffer würzen.
3. Den Pilaw-Reis zubereiten, in eine Savarin-Form (Ringform) füllen und warm stellen.
4. Ganz zum Schluß die Sauce zubereiten. In einem Topf die Hälfte der Butter zerlassen. Das Mehl zugeben und unter Rühren anschwitzen lassen. Nach und nach etwas von der heißen Fleischbrühe von der Poularde unterrühren, bis die Sauce die richtige Konsistenz hat.
   Den Topf vom Herd nehmen, die Sauce mit dem Eigelb legieren und mit Zitronensaft sowie Salz und Pfeffer abschmecken. Die Sauce im Wasserbad warm halten.
5. Die Poularde in Stücke zerteilen. Den Pilaw-Reis aus der Form auf eine Platte stürzen, in der Mitte des Reisrings die Geflügelstücke anrichten, die Sauce darübergießen und servieren.

Pilaw-Reis:

1. In einem Topf, den man auch in den Backofen schieben kann, 2 Eßlöffel Olivenöl erhitzen. Die feingehackte Zwiebel zugeben und braten, bis sie glasig ist. Den Reis unterrühren, 5 Eßlöffel Weißwein zugeben und verkochen lassen. Mit heißer Brühe aufgießen.
2. Den Backofen auf 300 °C vorheizen. Den Reis zugedeckt in den heißen Backofen schieben und 15 Minuten garen.
3. Den Pilaw-Reis aus dem Ofen nehmen, die Butter unterrühren und mit geriebener Muskatnuß aromatisieren. Mit Salz und Pfeffer aus der Mühle abschmecken

Polenta e osei

Polenta mit Vögeln

18 kleine Vögel (Wachteln, Täubchen, Schnepfen – die in Italien beliebten Singvögel dürfen bei uns nicht gefangen werden); 18 Speckscheiben; 18 Salbeiblätter; 0,1 l trokkener Weißwein; Polenta; 2 EL Butter; 0,2 l Olivenöl

1. Die gerupften Vögel abspülen, trockentupfen und, ohne sie auszunehmen, abwechselnd mit Speckscheiben und Salbeiblättern auf 6 Spieße stecken.
2. Die Polenta zubereiten, auf einer Arbeitsfläche ausstreichen und abkühlen lassen.
3. In einem großen Bräter Butter und Olivenöl erhitzen und die Geflügel-Spieße darin unter häufigem Wenden auf allen Seiten goldbraun anbraten.
4. Die Polenta in 1 cm dicke Scheiben schneiden. Auf jedem Teller jeweils 2 Scheiben Polenta anrichten.
5. Wenn die Vögel auf allen Seiten gebräunt sind, den Bratensatz mit dem Weißwein ablöschen und mit einem Holzlöffel vom Boden kratzen. Die Spieße auf einer vorgewärmten Platte anrichten, mit dem Bratensaft beträufeln und servieren.

Rechte Seite
Poularde mit weißer Sauce und Pilaw-Reis

Faraona in salmì

Perlhuhn in Rotweinsauce

1 Perlhuhn; 1 große, dünne Scheibe fetter Speck; 0,1 l Olivenöl; 2 EL Cognac; ½ l konzentrierte Gemüsebrühe; 5 EL Butter; 1 kleine Mohrrübe; ½ kleine Zwiebel; ½ Knoblauchzehe, feingehackt; 1 Thymianzweig; ¼ Lorbeerblatt; 3 Petersilienstengel; Pfefferkörner; 5 EL Rotwein; 1 EL Mehl; 800 g frische Steinpilze, ersatzweise 250 g getrocknete Steinpilze, in 2 EL Olivenöl gebraten; 1 weiße Trüffel; Salz

1. Das Perlhuhn abspülen, mit Küchenpapier trockentupfen und mit der Brustseite nach oben in einen Bräter legen. Die Perlhuhnbrust mit dem Speck belegen, 1 Eßlöffel Olivenöl zugeben und den Bräter 20 Minuten in den 300° C heißen Ofen schieben. Das Geflügel herausnehmen, das Fleisch vorsichtig von der Haut und der Karkasse lösen und in nicht zu große Stücke zerteilen. Perlhuhnstücke, Karkasse und Haut beiseite stellen.
2. Den Cognac in einen großen Topf gießen und flambieren. Mit 2 Eßlöffel heißer Brühe löschen und die Perlhuhnstücke nebeneinander darin auslegen. Das Geflügel mit einem Stück eingebuttertem Pergamentpapier bedecken, damit es nicht austrocknet, und warm stellen.
3. In einem anderen Topf 2 Eßlöffel Olivenöl erhitzen, die in kleine Würfel geschnittenen Gemüse sowie Lorbeerblatt, Thymianzweig, Petersilie und einige Pfefferkörner hineingeben und anbraten. Das im Bräter verbliebene Öl und nach und nach ein wenig Rotwein zugießen. Wenn der Wein eingedampft ist, die Geflügelhaut und die grob zerkleinerte Karkasse zugeben. Kurz anbraten, mit einer Schöpfkelle Brühe aufgießen und den Topf mit einem Deckel verschließen.
4. Das Ganze 10 Minuten zugedeckt bei mittlerer Temperatur köcheln lassen, durch ein feines Sieb passieren und die Rückstände kräftig ausdrücken. Die Sauce wieder in den inzwischen ausgespülten Topf gießen. Etwas Butter und 1 Eßlöffel Mehl miteinander verkneten. Die Mehlbutter bei niedriger Temperatur mit einem Holzlöffel unter die Sauce rühren, um sie zu binden. Den Topf vom Herd nehmen und nach und nach einige Butterstückchen in die Sauce montieren. Die Rotweinsauce über die Perlhuhnstücke gießen und das Ganze noch einmal kurz erhitzen, dabei darauf achten, daß die Sauce nicht mehr kocht.
5. Die Trüffel gleichmäßig mit einem Trüffelhobel über dem Perlhuhnragout verteilen und das Gericht mit den gebratenen Steinpilzen auftragen.

Cappone al tartufo di norcia

Kapaun mit schwarzen Trüffeln

1 kleiner Kapaun; 4 EL Olivenöl; Brühe; 100 g *pancetta* (Bauchspeck); 4 Hühnerlebern; ½ Zwiebel; 1 Knoblauchzehe; 1 EL Grappa; 1 EL Weinbrand; ½ l Gemüsebrühe; 1 schwarze Trüffel; Salz; Pfeffer

1. Die Trüffel sorgfältig abbürsten und anschließend mit einem feuchten Tuch abreiben, um alle Erdreste zu entfernen. Von der Trüffel 8 schöne Scheiben abschneiden und beiseite stellen. Die restliche Trüffel feinhacken. Den Kapaun abspülen, mit Küchenpapier trockentupfen und mit der Brustseite nach oben auf eine Arbeitsfläche legen. Mit den Fingern, vom Hals her beginnend bis zum Bürzel, vorsichtig zwischen Brustfleisch und Haut fahren und eine Tasche bilden.
2. Die Trüffelscheiben unter die Haut des Geflügels schieben und das Brustfleisch damit gleichmäßig belegen.
3. Kapaunleber sowie Hühnerlebern, *pancetta*, Knoblauch und Zwiebel feinhacken. In einem Topf 2 Eßlöffel Olivenöl erhitzen und die feingehackten Zutaten darin 5 Minuten braten. Mit dem Weinbrand ablöschen, 5 Minuten schmoren lassen, dann die Grappa zugießen, aufkochen lassen und mit Salz und Pfeffer abschmecken.
4. Die feingehackte Trüffel unterrühren, den Topf vom Herd nehmen und die Farce abkühlen lassen. Den Kapaun mit der Farce füllen und die beiden Öffnungen mit Küchengarn zunähen. Das Geflügel mit 2 Eßlöffel Olivenöl in einen Bräter geben und bei niedriger Temperatur auf allen Seiten braun anbraten.

5. Wenn der Kapaun auf allen Seiten goldbraun gebraten ist, mit einer Schöpfkelle Brühe aufgießen und den Bräter in den 180°C heißen Backofen schieben. Das Geflügel etwa 1 Stunde braten und, falls nötig, zwischendurch mit etwas Brühe aufgießen.
6. Den Kapaun aus dem Ofen nehmen und tranchieren. Die Füllung in Scheiben schneiden und zusammen mit dem Geflügel auf einer vorgewärmten Platte anrichten. Die Sauce in eine Sauciere gießen und dazu auftragen.

Ragù napoletano

Ragout auf neapolitanische Art

2 kg Rindfleisch aus der Keule; 100 g San-Daniele-Schinken, in dickere Scheiben geschnitten; frischer Majoran; 5 EL Olivenöl; 1 Bund glatte Petersilie; 1 Knoblauchzehe; 3 Mohrrüben; 3 Zwiebeln; 3 kleine Stangen Sellerie; 0,1 l Rotwein; 3 kleine Dosen italienisches Tomatenmark *(doppio concentrato di pomodoro)*; 1 Würfel Gemüsebrühe; Salz; Pfeffer

1. Vom Schinken den Fettrand wegschneiden und beiseite stellen. Den restlichen Schinken in 2 cm lange Streifen schneiden. Feingehackten frischen Majoran, grobes Meersalz und Pfeffer miteinander vermischen und die Schinkenstreifen darin wenden. Das Rindfleisch mit den gewürzten Schinkenstreifen in gleichmäßigen Abständen spicken.
2. In einem Schmortopf 5 Eßlöffel Olivenöl erhitzen und das Rindfleisch ringsum langsam anbraten. Wenn das Fleisch auf allen Seiten schön gebräunt ist, herausnehmen, auf eine Platte legen, mit Alufolie bedecken und warm stellen.
3. Das Schinkenfett in kleine Würfel schneiden und zusammen mit dem feingehackten Knoblauch und der feingehackten Petersilie ins heiße Bratfett geben. Kurz anbraten, dann die feingehackte Zwiebel, die in Julienne-Streifen geschnittenen Mohrrüben und den Sellerie zugeben und bei niedriger Temperatur schmoren lassen, bis die Gemüse etwas Farbe angenommen haben.
4. Das Fleisch wieder in den Topf geben und umrühren, damit sich die Aromen verteilen.

Kapaun mit schwarzen Trüffeln

»Es gab einen hervorragenden alten Wein aus Neuchâtel. Zudem war mein Hühnchen reichlich mit Trüffeln gewürzt, und diese beiden Stimulanzien zeigten mir, daß meine beiden Nymphen etwas von körperlichen Genüssen verstanden, oder daß sich der Zufall mächtig ins Zeug gelegt hat, um mich gut zu bedienen.«

5. Nach und nach den Rotwein zugießen, vollständig verkochen lassen, anschließend löffelweise das Tomatenmark unter die Gemüse rühren. Das Rindfleisch mit der Brühe bedecken und zugedeckt bei niedriger Temperatur 4 bis 5 Stunden garen. Das Rindfleisch sollte ganz zart und die Sauce aromatisch und kräftig sein.
6. Zum Servieren das Fleisch in dicke Scheiben schneiden und mit der Sauce überziehen.

Einen Teil der Sauce kann man auch zum Würzen eines typischen neapolitanischen Nudelauflaufs verwenden.

Bollito alla veneziana con salsa verde e pevarà

Gekochtes Fleisch auf venezianische Art mit zwei Saucen

Pro Person rechnet man 300 Gramm Fleisch:

Rinderrippe; Kalbsnuß; Kalbsbrust; *cotechino* (Schweinswurst; bei uns in italienischen Lebensmittelläden erhältlich); Kalbskopf; Kalbsfuß; Kalbszunge; 1 Huhn oder Kapaun; 2 Zwiebeln; 3 Stangen Sellerie; 3 Mohrrüben; 2 Knoblauchzehen; 5 Stengel glatte Petersilie; 10 schwarze Pfefferkörner; grobes Meersalz

Als Beilage: Senffrüchte *(mostarda di Cremona)*; grüne Sauce; Pfeffersauce

»(...) sie sagte zu mir: ›Mein Freund, ich habe einen Appetit, der mir verheißt, dem Souper alle Ehren zu erweisen; versprichst du mir, in nichts nachzustehen?‹ Da ich mich als der richtige Mann dafür fühlte, erwiderte ich: ›Ja, das verspreche ich dir. Und du wirst danach entscheiden, ob ich mich bei Amor genauso gut schlage wie bei Comus.‹«

1. In einem großen Topf die Rinderrippe, Kalbsnuß und Kalbsbrust mit kaltem Wasser bedecken. Langsam zum Kochen bringen und den aufsteigenden Schaum immer wieder von der Oberfläche abschöpfen. Die Aromaten, Salz, Pfeffer und das Huhn oder den Kapaun zugeben und das Fleisch zugedeckt bei mittlerer Hitze garen lassen. Je nach benötigter Garzeit die Fleischstücke aus dem Topf nehmen und auf einer Platte warm stellen.
2. In einem anderen großen Topf die Kalbszunge garen. Nach Ende der Garzeit die Haut abziehen und die Zunge warm stellen. Den *cotechino* mehrere Male mit einem kleinen Metallspieß einstechen und in Salzwasser, das mit Petersilie, Knoblauch und Pfeffer aromatisiert wurde, gar ziehen.
3. Kalbskopf und -fuß in Salzwasser mit 1 Zwiebel und 1 Stange Sellerie kochen. Das Fleisch auf vorgewärmten Platten anrichten und sofort mit einer grünen Sauce, einer Pfeffersauce und Senffrüchten auftragen.

GRÜNE SAUCE:

2 Handvoll glatte Petersilie; 2 Knoblauchzehen; 2 hartgekochte Eigelbe; ein 4 cm langes Stück Sardellenpaste aus der Tube; 1 Handvoll in Salz eingelegte Kapern, abgespült und gewässert; 1 Scheibe altbackenes Weißbrot; Olivenöl; Rotweinessig

1. Alle Zutaten feinhacken. Das Weißbrot mit Rotweinessig beträufeln und einweichen. Die Zutaten miteinander vermischen und das Olivenöl unterrühren. Die Sauce einige Stunden ziehen lassen.

PFEFFERSAUCE:

200 g Rindermark; 200 g Semmelbrösel; 200 g frisch geriebener Parmesan; Brühe; Salz; schwarzer Pfeffer

1. Bei niedriger Temperatur das Rindermark mit den Semmelbröseln auslassen, den Parmesan und die Brühe zugeben und zu einer cremigen, béchamelartigen weißen Sauce verrühren. Die Sauce etwa 1 Stunde leise köcheln lassen, vom Herd nehmen und mit viel frisch gemahlenem schwarzem Pfeffer würzen. Die Pfeffersauce heiß zum *bollito* servieren.

LINKS UND RECHTE SEITE
Gekochtes Fleisch auf venezianische Art mit zwei Saucen

Senffrüchte:

150 g Honig; 350 g Zucker; 0,1 l Weißwein; 1 Eiweiß; 2 EL Senfpulver; Früchte: Äpfel, Birnen, Aprikosen, Zedratzitronen, Kürbis, entsteinte Kirschen

1. Die Früchte, mit Ausnahme der Kirschen, schälen und in Stücke schneiden. In einen Topf geben, mit Wasser bedecken und gar kochen. Das Wasser abgießen und die Früchte nach Möglichkeit in der Sonne trocknen lassen, bis sie zusammengeschrumpft und runzelig sind.
2. In einem kleinen Topf Zucker, Honig und Weißwein köcheln lassen, bis sich der Zucker aufgelöst hat. Das Eiweiß steif aufschlagen und zum Sirup geben. Den Schaum von der Oberfläche abschöpfen und das Senfpulver unterrühren.
3. Die getrockneten Früchte in eine Schüssel oder in ein großes Einweckglas schichten und mit dem Sirup bedecken. Man kann die Senffrüchte sofort verwenden. Sie lassen sich jedoch auch längere Zeit an einem kühlen, trockenen Ort aufbewahren.

Trippa alla trevisana

Kutteln auf Trevisaner Art

1 kg Kalbskutteln, vorgekocht und gründlich gesäubert; 1 große Zwiebel; 30 g Fett vom rohen Schinken; 1 kleiner Rosmarinzweig; 2 Salbeiblätter; 1 Lorbeerblatt; 100 g frisch geriebener Parmesan; Olivenöl; Salz; Pfeffer aus der Mühle

1. Schinkenfett, Rosmarin, Zwiebel und Salbei feinhacken. Zusammen mit dem Olivenöl und dem Lorbeerblatt in einen hohen Topf geben und die Zwiebel leicht bräunen lassen. Die in 1 cm breite Streifen geschnittenen Kutteln zugeben und mit Salz und Pfeffer würzen. Die Kutteln anbraten, mit heißem Wasser bedecken und zugedeckt 1/2 Stunde kochen lassen. Falls erforderlich, etwas Wasser nachgießen.
2. Die Kutteln auf einer Platte anrichten, mit Parmesan bestreuen, mit Pfeffer aus der Mühle würzen und servieren.

Filetto di manzo marinato al limone

Mariniertes Rinderfilet

1 kg Rinderfilet; Olivenöl; 1 Zitrone; Salz; Pfeffer

1. Das Rinderfilet in eine Schüssel legen, mit 0,1 Liter Olivenöl und dem Zitronensaft übergießen und mindestens 3 Stunden marinieren. Das Fleisch von Zeit zu Zeit wenden.
2. Das Rinderfilet aus der Schüssel nehmen und mit Küchenpapier trockentupfen. Das Fleisch in einen Bräter legen, mit Olivenöl bestreichen und in den 300°C heißen Backofen schieben. Man rechnet mit einer Bratzeit von 15 Minuten für das erste Kilogramm Gewicht und 10 Minuten für jedes weitere.
3. Den Backofen ausschalten und die Tür öffnen, um die Temperatur rasch abzusenken. Die Backofentür wieder schließen und das Fleisch weitere 20 Minuten im noch warmen Ofen ruhen lassen.
4. Das Rinderfilet mit Salz und Pfeffer würzen und mit dem Bratensaft servieren.

Man kann das Rinderfilet auch über offenem Feuer oder auf einem Holzkohlegrill braten. Man sollte dann den Fleischsaft in einer Grillpfanne auffangen.

Gulash alla triestina

Gulasch auf Triester Art

1 ½ kg Rindfleisch zum Schmoren (Beinfleisch), in Würfel geschnitten; 900 g Zwiebeln; 150 g Speck, in kleine Würfel geschnitten; 3 EL Olivenöl; 1 Knoblauchzehe; 1 EL edelsüßer Paprika; ½ EL Rosenpaprika (scharf); ungemahlener Kümmel; 2 EL Mehl; 0,1 l Rotwein; Salz; Pfeffer

1. Das Öl in einem Schmortopf erhitzen, die Speckwürfel und das Rindfleisch zugeben und auf allen Seiten anbraten.
2. In Würfel geschnittene Zwiebeln und feingehackten Knoblauch zugeben und darauf achten, daß sie nicht zu stark bräunen, da sie sonst bitter schmecken. Mit Salz und Pfeffer würzen.
3. Das Mehl sowie 1 Eßlöffel edelsüßen und ½ Eßlöffel Rosenpaprika unterrühren, die jeweilige Menge kann man natürlich je nach Geschmack variieren.
4. Mit dem Rotwein ablöschen. Den Wein vollständig verkochen lassen und 0,1 Liter heißes Wasser zugießen. Den Bratensatz vom Topfboden lösen und das Fleisch zugedeckt schmoren lassen. Nach Bedarf ein wenig heißes Wasser zugießen.
5. 1 Eßlöffel Kümmel unterrühren und einige Minuten mitschmoren lassen. Das Gulasch mit Mehlnockerln, Spätzle oder Polenta auftragen.

Pastizzada di manzo

Geschmortes Rindfleisch

1 kg Rindfleisch zum Schmoren; 1 Flasche Rotwein (vorzugsweise Refosco); 50 g fetter Speck oder Schinkenfett; 1 Thymianzweig; ½ Lorbeerblatt; 2 Knoblauchzehen; 1 kleine Zwiebel; 5 EL Olivenöl; Salz; Pfeffer; geriebene Muskatnuß

1. Das Fleisch in Würfel schneiden und in eine Schüssel geben. Mit Salz, Pfeffer und geriebener Muskatnuß würzen. Das halbe Lorbeerblatt, Thymian und 1 Knoblauchzehe zugeben und mit der Hälfte des Rotweins begießen. Das Fleisch über Nacht in der Marinade ziehen lassen.
2. Den Speck in kleine Würfel schneiden. Knoblauch und Zwiebel schälen und feinhacken. Öl und Speck in eine Kasserolle geben und den Speck auslassen. Knoblauch und Zwiebel hineingeben und glasig werden lassen. Das Fleisch aus der Marinade nehmen, abtropfen lassen und mit Küchenpapier trockentupfen. Das Fleisch bei starker Hitze im heißen Fett auf allen Seiten braun anbraten.
3. Wenn das Fleisch auf allen Seiten gut gebräunt ist, mit dem restlichen Rotwein ablöschen. Kurz aufkochen lassen, die Hitze reduzieren und das Rindfleisch bei niedrigster Temperatur 3 Stunden schmoren lassen. Vor dem Servieren das Fett von der Oberfläche abschöpfen und das geschmorte Rindfleisch mit einem Kartoffelpüree oder einem Polenta-Brei auftragen.

»Ich ließ alles, was man mir angeboten hatte, liefern, erstaunt, daß man mir einen Hasen offerierte, da diese in London sehr selten sind außer auf den Tischen der Edelleute, die, da sie eine eigene Jagd haben, darauf sehr erpicht sind.«

Leprotto ai legumi

Junger Hase mit Gemüsen

1 junger Hase von etwa 2 ½ kg; 6 EL Butter; 3 EL Olivenöl; 3 EL Mehl; 500 g Auberginen; 500 g junge Mohrrüben, in Stücke geschnitten; 700 g junge, kleine Zwiebeln oder Frühlingszwiebeln, nur das Weiße; ½ Zwiebel, mit einer Gewürznelke gespickt; 2 Wacholderbeeren; 1 Bouquet garni, bestehend aus Thymian, Petersilie und Lorbeerblatt; 3 Eigelbe; 0,1 l trockener Weißwein; 0,2 l Sahne; 1 EL feingehackte Petersilie; 1 Prise geriebene Muskatnuß; ½ TL Zucker; Salz; Pfeffer

1. Den Hasen in Stücke zerteilen. In einer Kasserolle 3 Eßlöffel Butter und 2 Eßlöffel Olivenöl erhitzen, das Mehl zugeben und unter ständigem Rühren anschwitzen lassen. Wenn die Mehlschwitze Farbe anzunehmen beginnt, den in Stücke geschnittenen Hasen, die halbe gespickte Zwiebel, Wacholderbeeren und das Bouquet zugeben. Mit dem Weißwein löschen, aufkochen lassen, die Hitze reduzieren und den Hasen zugedeckt bei mittlerer Temperatur schmoren.
2. Die Auberginen in Würfel schneiden und in etwas heißem Öl in der Pfanne braten.
3. Die jungen, kleinen Zwiebeln oder die Frühlingszwiebeln zusammen mit den in Julienne-Streifen geschnittenen Mohrrüben in der restlichen Butter und einer Prise Zucker garen.
4. Wenn der Hase gar ist, aus dem Topf nehmen und auf einer vorgewärmten Platte anrichten. Mit den Gemüsen garnieren und warm stellen.
5. Den Bratensaft durch ein feines Sieb passieren. Das Eigelb mit der Sahne verklöppeln und mit geriebener Muskatnuß aromatisieren. Die Sauce wieder auf den Herd stellen, bei schwacher Hitze mit einem Schneebesen die Eigelb-Sahne-Mischung unterrühren und, sobald sie zu köcheln beginnt, über den Hasen gießen. Mit feingehackter Petersilie bestreuen und sofort auftragen.

Pesci e Crostacei

Fische und Schaltiere

Storione con i funghi

Stör mit Steinpilz-Sauce

6 Scheiben Stör, ohne Haut; 1 Zwiebel; 1 Mohrrübe; 1 kleines Bund Petersilie; 2 Knoblauchzehen; ein 1 cm langes Stück Sardellenpaste aus der Tube; 1 Thymianzweig; 1 kleines Stück Lorbeerblatt; 0,1 l trockener Weißwein; 1 kg frische Steinpilze, ersatzweise 150 g getrocknete Steinpilze; Mehl; 1 Ei, verquirlt; 1 Würfel Gemüsebrühe; Butter; Olivenöl; Salz; Pfeffer aus der Mühle

1. Eine Marinade aus 3 Eßlöffel Weißwein, 2 Petersilienstengeln, Salz und Pfeffer zubereiten und den Fisch darin einlegen.
2. Für die Sauce Zwiebel, Mohrrübe und Petersilie feinhacken. In einer Kasserolle die Butter und 2 Eßlöffel Olivenöl erhitzen und die feingehackten Zutaten bei schwacher Hitze braten, ohne daß die Zwiebel Farbe annimmt. Feingehackten Knoblauch, Lorbeerblatt und Thymian zugeben.
3. Das Ganze mit dem restlichen Weißwein aufgießen und die Sauce zugedeckt bei mittlerer Temperatur vollkommen einkochen lassen. Eine Schöpfkelle Brühe zugießen, nach etwa 10 Minuten die Sardellenpaste unterrühren und den Topf vom Herd nehmen.
4. Falls man getrocknete Steinpilze verwendet, in heißem Wasser einweichen. Die Steinpilze aus dem Wasser nehmen und abtropfen lassen. Frische Steinpilze sorgfältig putzen, säubern und in dünne Scheiben schneiden. In einer Pfanne 1 Eßlöffel Olivenöl erhitzen und die Pilze zusammen mit etwas Knoblauch darin braten. Die gebratenen Steinpilze zur Sauce geben.
5. Den Stör aus der Marinade nehmen, abtropfen lassen und trockentupfen. Die Fischscheiben in dem verquirlten Ei wenden und in einer Pfanne in sehr heißem Öl auf beiden Seiten goldbraun braten. Herausnehmen und in einer Lage in einer feuerfesten Form auslegen.
6. Die Pilzsauce über dem Fisch verteilen, die Form mit Alufolie bedecken und bei ganz niedriger Temperatur erhitzen, damit sich die Aromen verbinden können. Den Stör heiß in der Form auftragen.

Gamberi con le zucchine

Hummerkrabben mit Zucchini

18 frische Hummerkrabben; 1 großes Bund Petersilie; 10 Basilikumblätter; 3 junge Knoblauchzehen; 5 EL fruchtiger Weißwein (zum Beispiel Gewürztraminer aus Südtirol); 1 ½ kg kleine zarte Zucchini; 0,2 l Olivenöl

1. Die Zucchini abspülen, längs vierteln, anschließend in 5 cm lange Stücke schneiden.
2. In einer großen Pfanne 0,1 Liter Olivenöl mit einer geschälten Knoblauchzehe erhitzen. Wenn der Knoblauch leicht gebräunt ist, die Zucchini zugeben und zugedeckt etwa 10 Minuten schmoren. Eventuell ein paar Tropfen Wasser zugeben, damit das Gemüse nicht ansetzt. Die Zucchini aus der Pfanne nehmen und warm stellen.
3. Basilikum, Petersilie und den restlichen Knoblauch feinhacken. Die Hummerkrabben in Salzwasser abspülen und abtropfen lassen.
4. In einer großen Pfanne die gehackten Kräuter mit dem Knoblauch und dem Öl erhitzen, ohne daß der Knoblauch Farbe annimmt. Die Hummerkrabben zugeben und auf allen Seiten anbraten. Nach und nach den Weißwein zugießen und die Hummerkrabben zugedeckt etwa 10 Minuten garen.
5. Die Hummerkrabben aus den Schalen lösen und die Schwänze in der Sauce warm stellen. Die Zucchini zugeben, kurz erhitzen und servieren.

Rechte Seite
Hummerkrabben mit Zucchini

Anguilla in teglia con la polenta

Aal mit Polenta

1 kg Aale; 3 Knoblauchzehen; 1 großes Bund Petersilie; 6 Salbeiblätter; 5 EL Olivenöl; 2 EL Butter; Malvasier, ersatzweise trockener Marsala; Salz; Pfeffer aus der Mühle

1. Verwenden Sie für die Zubereitung dieses Gerichts möglichst kleinere Aale; größere Exemplare sind meist recht fett. Die Aale sorgfältig säubern, abspülen, mit Küchenpapier trockentupfen und in 5 bis 6 cm lange Stücke schneiden.
2. In einer Pfanne Olivenöl und Butter erhitzen, die Aalstücke hineingeben und bei starker Hitze anbraten. Feingehackten Knoblauch und feingehackte Petersilie sowie die Salbeiblätter zugeben.
3. Nach und nach den Wein zugießen und den Bratensatz vom Pfannenboden lösen, damit die Sauce schön kräftig wird. Das Aalgericht mit dampfend heißer Polenta auftragen.

Triglie stufate al forno

Meerbarben aus dem Ofen

6 mittelgroße Meerbarben von je etwa 200 g; 1 Knoblauchzehe; 1 Bund Petersilie; 1 EL Butter; Olivenöl; Saft von 1/2 Zitrone; Salz; Pfeffer aus der Mühle

1. Die Meerbarben schuppen, ausnehmen, abspülen und trockentupfen. Die Fische in einer feuerfesten Form auslegen. Knoblauch und Petersilie feinhacken, mit Salz und Pfeffer vermischen und die Fische mit dieser Mischung bedecken.
2. Die Meerbarben 2 Stunden marinieren, dabei gelegentlich wenden.
3. Die Knoblauch-Petersilien-Mischung von den Fischen abstreifen. Die Fische mit Olivenöl, zerlassener Butter und Zitronensaft bestreichen. Die feuerfeste Form mit Alufolie bedecken und die Meerbarben im 200°C heißen Ofen 20 Minuten garen.
4. Die Alufolie entfernen, die Fische mit etwas Olivenöl beträufeln, mit frisch gemahlenem Pfeffer bestreuen und servieren.

Tegamino di frutti di mare

Muscheltopf

18 große Miesmuscheln; 24 große Venusmuscheln; 300 g Tellmuscheln; 0,1 l Olivenöl; 1 Bund Petersilie; 1 kleine Chilischote; 5 EL trockener Weißwein; 2 Knoblauchzehen

1. Vorzugsweise in einem Steinguttopf das Olivenöl erhitzen und die unzerteilten Knoblauchzehen und die Chilischote darin bräunen lassen.
2. Die Muscheln zugeben: zuerst die Venus- und die Miesmuscheln, anschließend die Tellmuscheln. Mit dem Weißwein aufgießen. Die Muscheln bei starker Hitze garen, bis sich ihre Schalen öffnen.
3. Den Topf mit einem Deckel verschließen und vom Herd nehmen.
4. Die Muscheln nach Möglichkeit auf kleinere Tonschüsseln verteilen, mit feingehackter Petersilie bestreuen und mit geröstetem und anschließend mit Knoblauch eingeriebenen Landbrot servieren.

Sarde in teglia

Gefüllte Sardinen aus dem Ofen

24 Sardinen; 1 Scheibe Weißbrot; 1 Bund Petersilie; 1 kleine Knoblauchzehe; 0,1 l Weißwein; 0,2 l Olivenöl; Salz; Pfeffer

1. Die Sardinen schuppen, säubern, ausnehmen, auseinanderklappen und alle Gräten entfernen, ohne sie in einzelne Filets zu zerteilen. Die Sardinen in viel Salzwasser abspülen.
2. Eine Füllung aus zerbröseltem Weißbrot, feingehackter Petersilie, zerdrücktem Knoblauch, Salz und Pfeffer sowie 1 Eßlöffel Weißwein und 0,1 Liter Olivenöl zubereiten.
3. Eine feuerfeste Form mit Öl ausstreichen. Die Sardinen jeweils mit 1 Eßlöffel Farce füllen, zusammenklappen und in die feuerfeste Form legen. Die Fische mit Olivenöl und Weißwein beträufeln und mit feingehackter Petersilie bestreuen.
4. Den Backofen auf 200°C vorheizen und die Sardinen darin 15 Minuten garen. Heiß servieren.

Baccalà mantecato alla veneziana

Stockfischpüree auf venezianische Art

500g ungesalzenen, luftgetrockneten Stockfisch; 1 l Milch; 3 in Salz eingelegte Sardellenfilets; 1 Knoblauchzehe; 0,5 l Olivenöl; Petersilie; Pfeffer aus der Mühle

»Ich habe stets Gerichte mit kräftigem Geschmack gemocht: von einem guten neapolitanischen Koch zubereitete Makkaroni, die *olla podrida,* recht klebrigen Neufundländer Kabeljau, Wild mit Hautgout sowie Käsesorten, deren vollendete Reife sich zeigt, wenn die kleinen Lebewesen, die in ihm wohnen, sichtbar zu werden beginnen. Und was die Frauen betrifft, so habe ich immer gefunden, daß jene, die ich liebte, gut rochen, und je stärker ihre Transpiration war, desto lieblicher schienen sie mir.«

1. Den Stockfisch am Vortag mit einem Holzhammer leicht klopfen, damit sich die Fasern lockern.
2. Den Stockfisch in eine große Schüssel legen, mit kaltem Wasser bedecken und 24 Stunden im Kühlschrank wässern. Das Wasser gelegentlich wechseln.
3. Den Stockfisch herausnehmen, schuppen, die Gräten entfernen und die Haut beiseite stellen. Den Fisch in Stücke zerteilen, wieder in die Schüssel geben und erneut mit kaltem Wasser bedecken. Nochmals 12 Stunden im Kühlschrank ziehen lassen.
4. Den Stockfisch aus dem Wasser nehmen und abtropfen lassen. In einer Kasserolle die Milch aufkochen lassen, den Stockfisch hineingeben und bei mittlerer Temperatur 15 Minuten leise köcheln lassen. Die Stockfischstücke herausnehmen und in eine Schüssel geben. Die Milch beiseite stellen.
5. Die Sardellenfilets abspülen, Knoblauch und Petersilie feinhacken und zum Stockfisch geben. Mit einem elektrischen Handrührgerät nach und nach das Olivenöl unterrühren. Wenn die Masse glatt und dick zu werden beginnt, etwas von der Milch zugeben, in der der Stockfisch gekocht wurde. Das Stockfischpüree sollte cremig und ein wenig körnig sein.

Das Stockfischpüree läßt sich im Kühlschrank einige Tage aufbewahren. Zum Aufwärmen sollte man dann etwas leichte Brühe zugeben und das Püree unter ständigem Rühren bei niedrigster Temperatur erhitzen.

Polpetielli affogati

Kleine Kraken im eigenen Sud

1 kg kleine Kraken oder 1 große Krake (Oktopus); 3 EL Olivenöl; 3 Petersilienstengel; 2 Knoblauchzehen; 0,1 l trockener Weißwein; 1 Chilischote; 2 kleine vollreife Tomaten

1. Die Kraken, falls sie groß sind, mit einem Holzhammer bearbeiten, damit sie zarter werden. Anschließend in Salzwasser abspülen und abtropfen lassen.
2. Die Kraken möglichst in einen Steinguttopf geben. Öl, Knoblauch, unzerteilte Tomaten, Chilischote, Petersilienstengel und Wein zugeben.
3. Den Topf mit einem eingeölten Stück Pergamentpapier bedecken und ringsum mit Küchengarn verschließen, damit kein Dampf entweichen kann. Den Topf mit einem Deckel verschließen und mit einem Gewicht beschweren. Die Kraken bei niedrigster Temperatur etwa 45 Minuten ganz sanft schmoren lassen, wobei man möglichst eine wärmedämmende Platte zwischen Herdplatte und Topf legt.
4. Den Kochvorgang im Auge behalten, ohne den Topf zu öffnen. Zum Servieren den Topf auf den Tisch stellen und das Papier erst dort entfernen, um das intensive und köstliche Meeresaroma uneingeschränkt genießen zu können. Bei Bedarf nachsalzen.

Schneidet man die im eigenen Sud gegarten Kraken in Stücke, kann man sie auch als Spaghetti-Sauce verwenden. Gibt man außerdem feingehackte Petersilie dazu, sind sie ein idealer Begleiter zu einem Risotto.

Seppioline al nero

Kleine Tintenfische in ihrer Tinte

1 kg kleine Tintenfische; 5 EL Olivenöl; 1 Bund Petersilie; 1 Bund Basilikum; 2 Knoblauchzehen; 2 Chilischoten; 5 EL trockener Weißwein; Salz

1. Die Tintenfische – sie sollten so klein wie möglich sein – putzen und säubern. Die Tintenbeutel aufheben. Die Tintenfischchen in Salzwasser abspülen und abtropfen lassen. Das Olivenöl in einer Pfanne erhitzen und die Tintenfischchen hineingeben.
2. Petersilie, Basilikum und Knoblauch feinhacken. Die Tintenfische bei hoher Temperatur rasch anbraten. Wenn der ausgetretene Saft verkocht ist, Petersilie, Basilikum und Knoblauch zugeben.
3. Wenn die Tintenfischchen goldbraun zu werden beginnen, mit Weißwein löschen und den Wein verkochen lassen. Zum Schluß den Inhalt der Tintenbeutelchen zugeben. Die Sauce etwas einkochen lassen und die Tintenfische mit Polenta servieren.

Sgombri in saor

Eingelegte Makrelen

12 Makrelen; 800 g milde weiße Zwiebeln; 1 Knoblauchzehe; 0,1 l Olivenöl; 0,1 l Weißweinessig; 4 Lorbeerblätter; 50 g Rosinen; 50 g Pinienkerne; Mehl; Salz; Pfefferkörner

1. Die Makrelen ausnehmen, säubern und die Köpfe entfernen. Die Fische abspülen, mit Küchenpapier trockentupfen und mit Salz würzen. Die Makrelen in Mehl wenden, überschüssiges Mehl abschütteln und die Fische in einer großzügig bemessenen Menge Olivenöl braten.
2. Die Makrelen bei starker Hitze auf jeder Seite 2 Minuten braten, aus der Pfanne nehmen und auf Küchenpapier abtropfen lassen.
3. Für die Marinade das Bratfett der Fische durch einen Filter in eine große Pfanne gießen. Die in dünne Scheiben geschnittenen Zwiebeln und die Lorbeerblätter zugeben und in dem Öl goldbraun braten. Mit dem Essig aufgießen, die Rosinen, Pinienkerne und Pfefferkörner unterrühren.
4. Die Makrelen abwechselnd mit den Zwiebeln, Rosinen, Pfefferkörnern und Pinienkernen in eine ausreichend große Terrine schichten. Zum Schluß mit einigen Lorbeerblättern belegen und mit der Marinade aufgießen. Die Makrelen zugedeckt abkühlen lassen und am besten über Nacht in der Marinade ziehen lassen.

In Venedig reicht man zu den *sgombri in saor* in Scheiben geschnittene Polenta, die kurz unter dem Grill gebräunt wird.

RECHTE SEITE
Kleine Tintenfische in ihrer Tinte

Zuppa di pesce alla chiozzotta

Fischsuppe nach Art von Chioggia

2 kg Fische, zum Beispiel Drachenkopf, Seeteufel, Seewolf, Oktopus, Kalmar, kleine Tintenfische, Miesmuscheln, gesäubert; 0,3 l Olivenöl; 1 Zwiebel; 2 Stangen Lauch; 4 Knoblauchzehen; 2 EL Weißweinessig; 0,2 l Wasser; 2 Mohrrüben; 3 Stangen Sellerie; 2 Lorbeerblätter; geröstetes Brot; Salz; Pfeffer

1. Die Fische schuppen, ausnehmen, säubern, abspülen und in Stücke schneiden. Die Fischköpfe für die Brühe beiseite stellen.
2. In einem großen Topf 4 Eßlöffel Olivenöl erhitzen. Lauch, Sellerie, Mohrrüben und 3 Knoblauchzehen grobhacken und ins heiße Öl geben.
3. Die Gemüse bei hoher Temperatur goldbraun braten. Die Fischköpfe zugeben, die Hitze reduzieren und kurz anbraten. Mit 2 Eßlöffel gutem Weißweinessig löschen und vollständig verkochen lassen. Anschließend 2 Liter Wasser zugießen, mit Salz und Pfeffer würzen und die Brühe 1/2 Stunde köcheln lassen.
4. Die Fischbrühe durch ein feines Sieb gießen.
5. In einer großen Pfanne 2 Eßlöffel Öl erhitzen. Die Tintenfische, je nach Größe, zerteilen oder unzerteilt lassen und in sehr heißem Öl braten, bis sie keine Flüssigkeit mehr abgeben. Wenn der Fond einzudicken beginnt, ständig umrühren, damit er nicht ansetzt.
6. Nach etwa 10 Minuten mit einer Schöpfkelle Fischbrühe aufgießen und den Bratensatz vom Pfannenboden kratzen. Die Pfanne vom Herd nehmen.
7. In einer anderen großen Pfanne das restliche Öl erhitzen und die in dünne Scheiben geschnittene Zwiebel darin goldbraun braten. Die Fischstücke sowie den zerteilten Oktopus und Kalmar leicht mit Mehl bestäuben und mit den Lorbeerblättern, der grobgehackten Petersilie und Salz und Pfeffer zugeben.
8. Die Fischstücke auf allen Seiten goldbraun braten, mit Brühe aufgießen und die Tintenfische zugeben.
9. Die Miesmuscheln mit etwas Öl und 1 gehackten Knoblauchzehe in einen Topf geben und garen, bis sich die Schalen öffnen. – Die Brotscheiben jeweils in einen tiefen Teller legen. Fischstücke, Brühe und Miesmuscheln darüber verteilen und auftragen.

Scampi alla buzarà

Scampi in Kräutersauce

36 Scampi (Kaisergranat); 2 Knoblauchzehen; 1 Bund Petersilie; 1 Stange Sellerie; 6 Basilikumblätter; 5 EL trockener Weißwein; 0,2 l Olivenöl; Salz; Pfeffer aus der Mühle

1. Petersilie, Knoblauch, Sellerie und Basilikumblätter feinhacken und langsam in Olivenöl anbraten. Die Scampi sorgfältig in Salzwasser abspülen, abtropfen lassen und zu den Aromaten geben. 5 Minuten braten.
2. Den Weißwein zugießen, einkochen lassen und mit Salz und Pfeffer würzen. Den Topf vom Herd nehmen.
3. Die Scampi aus den Schalen lösen, auf eine vorgewärmte Platte geben und warm stellen.
4. Die Sauce durch ein feines Sieb passieren und über die Scampi gießen. Die Scampi mit in Scheiben geschnittener und kurz unter dem Grill gebräunter Polenta servieren.

OBEN
Zutaten für die Fischsuppe nach Art von Chioggia

Calamari farciti

Gefüllte Kalmare

6 mittelgroße Kalmare; 5 Scheiben Weißbrot ohne Rinde; 2 EL frisch geriebener Parmesan; 1 Ei; 2 EL feingehackte Petersilie; 50 g gekochter Schinken, grobgehackt; 2 Knoblauchzehen; 1 kleine Chilischote; 0,1 l Milch; 3 Zitronen; ¼ l Olivenöl; Salz

1. Die Kalmare vorbereiten und den schnabelähnlichen Kiemen, der sich in der Mitte der Tentakel befindet, entfernen. Die Kalmare gründlich in Salzwasser waschen.
2. Brot, Milch und eine Prise Salz in einen kleinen Topf geben, mit einer Gabel umrühren und die Milch bei mittlerer Temperatur etwas einkochen lassen. Abkühlen lassen, anschließend das Ei sowie Parmesan, Petersilie und Schinken unterrühren und abschmecken.
3. Die Kalmare vorsichtig mit dieser Farce füllen und darauf achten, daß sie nicht zerreißen. Die Öffnung mit Küchengarn verschließen und die gefüllten Kalmare abwechselnd mit ihren unzerteilten Tentakeln in eine feuerfeste Form setzen.
4. Chilischote und Knoblauch feinhacken. Die Kalmare mit dem Olivenöl beträufeln und mit der Chilischote und dem Knoblauch bestreuen. Die Form in den 200°C heißen Backofen schieben und die Kalmare etwa 40 Minuten schmoren, dabei gelegentlich wenden. Die Kalmare aus dem Backofen nehmen und vollkommen abkühlen lassen.
5. Die Kalmare in Scheiben schneiden und abwechselnd mit den Tentakeln auf einer Platte anrichten. Mit Zitronensaft beträufeln, mit Petersilie und Zitronenscheiben garnieren und servieren.

Coda di rospo al cartoccio

Seeteufel-Päckchen

6 große Stücke Seeteufel; 2 Knoblauchzehen; Pilze; Petersilie; 0,2 l Olivenöl; 2 EL Mehl; Salz; Pfeffer aus der Mühle

1. Die Fischstücke leicht mit Mehl bestäuben. In einer Pfanne etwas Olivenöl erhitzen und den Seeteufel darin auf allen Seiten kurz goldbraun anbraten.
2. Die Pilze sorgfältig putzen, säubern und in Scheiben schneiden. In einer anderen Pfanne 1 Eßlöffel Olivenöl erhitzen und die Pilze mit dem feingehackten Knoblauch darin braten.
3. Sechs große Blätter Pergamentpapier ausbreiten. Jeweils ein Stück Seeteufel darauf setzen, darüber jeweils 1 Eßlöffel Pilze verteilen, mit grobgehackter Petersilie bestreuen und mit Salz und Pfeffer würzen. Die Fischpäckchen fest verschließen. Um ganz sicherzugehen, daß keine Flüssigkeit ausläuft, kann man die Päckchen jeweils in ein zweites Blatt Pergamentpapier wickeln.
4. Die Seeteufel-Päckchen 20 Minuten in den 180°C heißen Backofen geben. Den Fisch herausnehmen und die Päckchen erst bei Tisch öffnen, um das köstliche Meeresaroma uneingeschränkt genießen zu können.

Granceola

Meeresspinnen

6 große Meeresspinnen; 1 EL gehackte Petersilie; 0,2 l nicht zu fruchtiges Olivenöl; 0,1 l frisch gepreßter Zitronensaft; Salz; frisch gemahlener Pfeffer
Für den Kochsud: 1 Mohrrübe; 1 Stange Sellerie; 1 milde Zwiebel; 8 Pfefferkörner; grobes Meersalz

1. In einem großen Topf Wasser zum Kochen bringen. Mohrrübe, Sellerie und Zwiebel schälen, in Stücke schneiden und zusammen mit den Pfefferkörnern ins Wasser geben.
2. Den Sud 10 Minuten kochen lassen. Die Meeresspinnen abbürsten, abspülen und in den kochenden Sud geben. 20 Minuten kochen lassen, herausnehmen und abkühlen lassen.
3. Die Krustentiere öffnen, den Rogen und die häutchenartigen Membranen entfernen, das Corail und das Fleisch auslösen und in eine Schüssel geben. Die Panzer abspülen und von innen und außen abbürsten.
4. Das ausgelöste Fleisch zerpflücken und mit Olivenöl, Zitronensaft, frisch gemahlenem Pfeffer, Salz und feingehackter Petersilie vermischen. Das Fleisch wieder auf die Panzer der Meeresspinnen verteilen und servieren.

Verdure

Gemüse

Carotine al cognac

Mohrrüben mit Cognac

2 kg Mohrrüben; 1 gehäufter Eßlöffel Zucker; 100 g Butter; 3 EL Cognac; Salz; Petersilie

1. Die Mohrrüben abspülen, schälen und in ganz dünne Scheiben schneiden. Zusammen mit Butter, Zucker und Salz in eine große Pfanne geben und zugedeckt bei schwacher Hitze garen. Falls erforderlich, gelegentlich einige Tropfen Wasser zugeben, damit das Gemüse nicht ansetzt.
2. Wenn die Mohrrüben gar sind, den Deckel abnehmen, das Gemüse bei hoher Temperatur bräunen und den Zucker karamelisieren lassen.
3. Den Cognac erhitzen, flambieren und den Alkohol verbrennen lassen. Den Cognac zu den Mohrrüben geben und 5 Minuten köcheln lassen, damit sich die Aromen verbinden können. Das Mohrrüben-Gemüse mit feingehackter Petersilie bestreuen und heiß auftragen.

Fagiolini in tecia

Geschmorte grüne Bohnen

1 kg grüne Bohnen; 2 EL Butter; 4 EL Olivenöl; 1 Knoblauchzehe; 1 Bund Petersilie; Salz; Pfeffer

1. Die Bohnen putzen, abspülen und abtropfen lassen. In einer Pfanne die Butter mit dem Öl erhitzen, den Knoblauch und die Hälfte der feingehackten Petersilie zugeben und anbraten.
2. Die Bohnen in die Pfanne geben und zugedeckt bei niedriger Temperatur garen lassen. Falls erforderlich, einige Tropfen Wasser zugeben, damit das Gemüse nicht ansetzt. Die Bohnen mit der restlichen feingehackten Petersilie bestreuen und auftragen.

Zucchine farcite

Gefüllte Zucchini

12 kleine, zarte Zucchini; Weißbrot ohne Rinde; 0,1 l Milch; 3 Eigelbe; 1 Bund Petersilie; 6 EL frisch geriebener Parmesan; 8 Mandeln; Salz; Pfeffer

1. Die Zucchini abspülen und mit Küchenpapier trokkentupfen. das Gemüse längs halbieren und mit einem Teelöffel aushöhlen.
2. Das ausgelöste Fruchtfleisch auf ein Küchentuch geben und mit den Händen kräftig ausdrücken, um alle Flüssigkeit zu entfernen. Das Fruchtfleisch anschließend feinhacken und in eine Schüssel geben.
3. Die Petersilie grobhacken und zum Fruchtfleisch der Zucchini geben. Das Weißbrot in der Milch erhitzen, herausnehmen und ausdrücken. Das eingeweichte Weißbrot ebenfalls in die Schüssel und zum Fruchtfleisch geben. Eigelb, Parmesan und die abgezogenen und gehackten Mandeln zugeben, mit Salz und Pfeffer würzen und alle Zutaten gut miteinander vermengen.
4. Die Zucchini mit dieser Farce füllen und in eine eingeölte feuerfeste Form setzen. Das gefüllte Gemüse mit etwas Salz bestreuen und mit Olivenöl beträufeln. Die Zucchini im 160°C heißen Backofen goldbraun werden lassen.

Dieses Gericht kann man sowohl heiß als auch kalt servieren.

Das Weißbrot läßt sich durch die gleiche Menge in Milch gekochten Grießes ersetzen.

»Zu den Köstlichkeiten der französischen Küche fügte ich noch alles hinzu, was das übrige Europa an Verführerischem zu bieten hat. Meine Makkaroni *al sugo*, mein Reis, als Pilaw oder Risotto zubereitet, und meine *olla podrida* erregten allgemeines Aufsehen.«

RECHTE SEITE
Gefüllte Zucchini

Peperoni alla griglia gratinati

Gegrillte und überbackene Paprikaschoten

2½ kg Paprikaschoten; 5 EL Olivenöl; Oregano; Petersilie; 1 Knoblauchzehe; 2 EL Semmelbrösel; 1 EL in Salz eingelegte Kapern, etwa 20 Minuten gewässert; 100 g Oliven

1. Die Paprikaschoten abspülen und unter dem sehr heißen Grill rösten, bis sich die Haut schwarz verfärbt. Herausnehmen und für einige Minuten in Gefrierbeutel geben oder in mehrere Lagen Papier einwickeln, dadurch läßt sich die Haut anschließend leichter abziehen.
2. Die Haut von den Paprikaschoten abziehen und die Samen entfernen. Die Schoten in etwa 4 cm lange Streifen schneiden und in einer feuerfesten Form auslegen. Das Gemüse mit Semmelbröseln, Oregano, feingehackter Petersilie, Kapern, Oliven und feingehacktem Knoblauch bestreuen.
4. Mit Olivenöl beträufeln und 30 Minuten im 250°C heißen Ofen überbacken.

Coste di bietole gratinate

Überbackener Mangold

1 kg Mangold; 100 g Butter; 3 EL Mehl; ½ l Milch; ½ l Sahne; 5 EL frisch geriebener Parmesan; 3 Eigelbe; geriebene Muskatnuß; 2 EL Semmelbrösel; Salz; Pfeffer

1. Den Mangold putzen und die Stengel schälen. Das Gemüse gründlich abspülen, in Stücke schneiden und in kochendem Salzwasser blanchieren.
2. Die Hälfte der Butter in einer Pfanne zerlassen, den Mangold zugeben, mit Salz und Pfeffer würzen und schmoren lassen.
3. Aus Mehl, 50 Gramm Butter und der Milch eine Béchamelsauce zubereiten. Den Topf vom Herd nehmen und 4 Eßlöffel Parmesan, 2 Eigelb, die Hälfte der Sahne, etwas geriebene Muskatnuß, Salz und Pfeffer aus der Mühle unterrühren.
4. Den Mangold mit etwas Béchamelsauce verrühren und in eine Auflaufform füllen. Mit der restlichen Sauce übergießen, die restliche Sahne darüber verteilen, mit den Semmelbröseln bestreuen und Butterflöckchen darauf setzen.
5. Die Form in den 300°C heißen Ofen schieben und das Gemüse einige Minuten überbacken, bis die Oberfläche goldbraun ist. Sofort servieren.

Asparagi fritti

Ausgebackener grüner Spargel

24 Stangen grüner Spargel
Für den Ausbackteig: 160 g Mehl; 0,2 l Wasser; 3 EL Cognac; 1 Prise Natron; Salz
Öl zum Ausbacken

1. Das Mehl zusammen mit Salz, Natron und Cognac in eine Schüssel geben. Nach und nach das Wasser unterrühren. Das Ganze zu einem glatten, dickflüssigen Teig verrühren und 2 Stunden ruhen lassen.
2. In der Zwischenzeit den Spargel vorbereiten: Das Gemüse putzen, abspülen, schälen und in etwa 5 cm lange Stücke schneiden.
3. Kurz vor dem Servieren eine großzügig bemessene Menge Öl zum Ausbacken des Gemüses in einer Friteuse oder in einem kleinen, tiefen Topf erhitzen.
4. Die Spargelstücke durch den Ausbackteig ziehen, ins heiße Öl geben und goldgelb ausbacken. Dabei darauf achten, daß man nicht zuviel Gemüse auf einmal ausbackt, weil das Öl sonst zu stark abkühlen würde. Den ausgebackenen Spargel mit einem Schaumlöffel aus dem Topf nehmen, auf Küchenpapier abtropfen lassen und heiß servieren.

OBEN
Spinatpudding

»Man servierte das Essen durch ein in die Wand eingelassenes Fenster. Dieses war mit einem drehbaren Tablett versehen, das die Öffnung fast vollständig ausfüllte; so bekamen sich die Herrschaft und die Dienstboten kaum zu Gesicht.«

Sformato di spinaci

Spinatpudding

2 kg Spinat; 100 g Butter; 3 EL Mehl; ¼ l Milch; 4 Eier; 1 Eigelb; 5 EL frisch geriebener Parmesan; grobes Meersalz; Salz; Pfeffer; geriebene Muskatnuß

1. Den Spinat putzen und mehrere Male gründlich waschen. Mit grobem Meersalz in einen Topf geben und ohne Wasserzugabe zusammenfallen lassen, damit das Aroma erhalten bleibt.
2. Den Spinat kräftig mit den Händen ausdrücken und durch ein Sieb passieren. Mit 2 Eßlöffel Butter in eine Pfanne geben und die restliche Flüssigkeit verdampfen lassen. Mit Salz abschmecken und in eine Schüssel geben.
3. Aus 3 Eßlöffel Butter, Mehl und Milch eine dicke Béchamelsauce zubereiten und unter den Spinat rühren. Das Verhältnis Spinat zu Béchamelsauce sollte 2 : 1 betragen.
4. Die Eier und das Eigelb in eine Schüssel geben und mit dem Parmesan verrühren. Eine Savarin- oder Ringform von 1½ Liter Fassungsvermögen großzügig mit Butter ausstreichen, mit Mehl bestäuben, wenden und das überschüssige Mehl entfernen.
5. Die Form mit dem Spinat füllen, mit einem eingebutterten Stück Pergamentpapier bedecken und den Gemüsepudding etwa 40 Minuten im Wasserbad im 180°C heißen Ofen garen. Zur Garprobe mit einer Nadel in den Spinatpudding stechen: Wenn nichts an der Nadel hängenbleibt, ist der Pudding gar und kann aus dem Ofen genommen werden.
6. Die Form aus dem Backofen nehmen. Den Spinatpudding 10 Minuten im Wasserbad ruhen lassen, auf eine Platte stürzen und servieren.

*P*ASTICCERIA

Desserts

Tiramisù

Tiramisù (»Richte mich auf«)

6 Eigelbe; 3 Eiweiße; 600 g Mascarpone; 150 g Zucker; 20 *baicoli* (siehe Seite 183) oder Löffelbiskuits; 3 kleine Tassen sehr starker Espresso; 5 EL trockener Marsala; Kakao zum Bestäuben oder Schokoladenstreusel zum Bestreuen

1. Den Espresso mit dem Marsala vermischen.
2. Das Eiweiß zu steifem Schnee aufschlagen.
3. Mascarpone, Eigelb und Zucker miteinander verrühren. Einige Löffel Espresso-Marsala-Mischung unterrühren und den Eischnee unterheben.
4. Den Boden einer Form mit einer Lage Löffelbiskuits auslegen und mit der Espresso-Marsala-Mischung beträufeln. Die Marsala-Creme darüber verteilen, die Oberfläche glattstreichen, die Form mit Klarsichtfolie bedecken und in den Kühlschrank stellen.
5. Das Tiramisù kurz vor dem Servieren mit Kakao bestäuben oder mit Schokoladenstreuseln bestreuen.

Gelo all'arancio con salsa al caramello

Orangengelee mit Karamelsauce

1 l frisch gepreßter Orangensaft; 100 g Kartoffelstärke; 100 g Zucker; Orangen und Zitronen zum Garnieren
Für die Sauce: 200 g Zucker; Schale von 3 Orangen; 1 EL Orangenlikör, zum Beispiel Grand Manier

1. In einem Topf die Kartoffelstärke mit dem Zucker und dem Orangensaft verrühren. Zum Kochen bringen, die Hitze reduzieren und das Ganze unter ständigem Rühren zu einer dicken Creme köcheln lassen.
2. Die Creme in eine Savarin-Form von 24 cm Durchmesser füllen, abkühlen lassen und in den Kühlschrank stellen.

FÜR DIE KARAMELSAUCE:

1. Den Zucker langsam schmelzen lassen.
2. In der Zwischenzeit die Orangen ganz dünn schälen und darauf achten, daß man die darunterliegende bittere weiße Haut nicht mitschält. Die Orangenschale in einen kleinen Topf geben, mit kaltem Wasser bedecken und aufkochen lassen.
3. Die Orangenschalen 5 Minuten kochen, herausnehmen und abspülen. Die Kochflüssigkeit aufbewahren.
4. Die Orangenschalen in Julienne-Streifen schneiden.
5. Wenn der Zucker geschmolzen ist, mit dem Kochwasser der Orangenschalen aufgießen und die Orangenschalen unterrühren. Die Sauce sollte eine gewisse Festigkeit besitzen. Zum Schluß mit dem Orangenlikör aromatisieren.
6. Das Orangengelee auf eine Platte stürzen und mit halbierten Orangen- und Zitronenscheiben garnieren. Mit der Karamelsauce überziehen und servieren.

Cioccolata calda

Heiße Schokolade

200 g Blockschokolade; 3 EL Zucker; 1 TL Maisstärke; 1 Vanilleschote; 1 l Milch; 1 Prise Salz

1. Die Milch mit der längs aufgeschlitzten Vanilleschote aufkochen lassen. Die Hitze reduzieren und die in Stücke zerteilte Schokolade und den Zucker zugeben.
2. Köcheln lassen, bis die Schokolade die gewünschte Konsistenz hat. Falls sie zu dickflüssig ist, mit etwas Milch verdünnen. Ist sie zu dünn geraten, ein wenig Maisstärke mit etwas Wasser verrühren, zur Schokolade geben und noch einmal aufkochen lassen. (Achten Sie darauf, daß Sie nicht zuviel Maisstärke verwenden, da die Schokolade sonst zu stark andickt.)
3. Die Vanilleschote entfernen und die Schokolade sofort servieren.

RECHTE SEITE
Heiße Schokolade

Semifreddo di crema alle fragole

Halbgefrorenes mit Erdbeeren

5 Eier; 5 EL Zucker; ½ l Sahne; 2 Päckchen Vanillezucker; 1 kg Erdbeeren; 3 EL Zucker für die Erdbeeren; 1 TL Balsamico-Essig; 3 EL Zucker

1. Die Erdbeeren putzen, unter fließendem kalten Wasser kurz abspülen und zum Abtropfen auf einem Geschirrtuch auslegen. Die Früchte in eine Schüssel geben, mit dem Zucker bestreuen und in den Kühlschrank stellen.
2. Drei Schüsseln vorbereiten:
   - in der ersten das Eigelb mit dem Zucker zu einer hellgelben Masse aufschlagen
   - in der zweiten die Sahne steif schlagen
   - in der dritten und größten Schüssel das Eiweiß mit einer Prise Salz und dem Vanillezucker zu festem Schnee aufschlagen.
3. Zuerst die Sahne mit der Eigelbmasse vermischen und anschließend vorsichtig den Eischnee unterheben. Die Masse in eine mit Klarsichtfolie ausgekleidete Kastenform füllen und die Oberfläche glattstreichen. Die Form für einige Stunden in das Gefrierfach des Kühlschranks stellen und das *semifreddo* gefrieren lassen
4. In der Zwischenzeit die Erdbeeren aus dem Kühlschrank nehmen und mit einem Teelöffel Balsamico-Essig beträufeln. Alles gut miteinander vermischen und die Früchte der Länge nach halbieren.
5. Eine halbe Stunde vor dem Servieren die Form aus dem Gefrierfach nehmen, mit dem Boden kurz in heißes Wasser tauchen und das Halbgefrorene auf eine Platte stürzen.
6. Das *semifreddo* mit den Erdbeeren umlegen, aus den restlichen Erdbeeren eine Sauce zubereiten und zusammen auftragen.

ERDBEERSAUCE:

Für diese Sauce in einem kleinen Topf etwa 100 Gramm Erdbeeren, 5 Eßlöffel Wasser und 3 Eßlöffel Zucker bei niedriger Temperatur ungefähr 10 Minuten köcheln lassen. Wenn die Früchte zerkocht sind, die Sauce in eine Sauciere gießen und zusammen mit dem Halbgefrorenen auftragen.

Pastiera napoletana

Ricotta-Kuchen auf neapolitanische Art

Für eine Form von 24 cm Durchmesser mit hohem Rand: 100 g Dinkelkörner; ½ l Milch; geriebene Schale von ½ Zitrone; 300 g Ricotta; 3 Eier; 150 g Zucker; 1 EL feingehacktes Orangeat; 3 EL Orangenblütenwasser; Puderzucker
Für den Mürbeteig: 200 g Butter; 4 EL Zucker; 1 Ei; 400 g Mehl; 2 EL kaltes Wasser; 1 Prise Salz

1. Den Dinkel in kaltem Wasser etwa 2 Stunden einweichen. Das Wasser abgießen und das Getreide in sprudelndem Wasser 15 Minuten kochen. Abgießen und den Dinkel in die kochende, mit Zitronenschale aromatisierte Milch geben.
2. Wenn der Dinkel weich ist und die Milch vollkommen aufgenommen hat, vom Herd nehmen und abkühlen lassen.
3. Für den Mürbeteig alle Zutaten miteinander zu einem glatten Teig verkneten und zu einer Kugel formen. Die Teigkugel in Klarsichtfolie wickeln und im Kühlschrank ruhen lassen.
4. In einer Schüssel Ricotta, 3 Eigelb, Zucker, feingehacktes Orangeat, etwas geriebene Zitronenschale und das Orangenblütenwasser miteinander verrühren.
5. Den gekochten Dinkel in die Schüssel geben und das zu festem Schnee aufgeschlagene Eiweiß unterheben.
6. Drei Viertel des Mürbeteigs 5 mm dünn ausrollen und die großzügig ausgebutterte Kuchenform damit auskleiden. Überstehenden Teig wegschneiden.
7. Die Kuchenform mit der Ricotta-Creme füllen und die Oberfläche glattstreichen. Den restlichen Teig ebenfalls dünn ausrollen und 2 cm breite Streifen daraus schneiden. Die Füllung gitterförmig mit den Teigstreifen belegen.
8. Die Form in den 220°C heißen Ofen schieben und den Kuchen 15 Minuten backen, dann auf 180°C zurückschalten und weitere 45 Minuten backen. Den Kuchen aus dem Backofen nehmen, abkühlen lassen, aus der Form nehmen und mit Puderzucker bestäuben.

Torta di albumi al cioccolato

Schokoladenkuchen

8 Eiweiße; 100 g Mehl; 100 g Kartoffelstärke; 150 g Butter; 150 g Blockschokolade; 170 g Zucker; 1 Päckchen Trockenhefe

1. Die Schokolade zusammen mit der Butter und dem Zucker im heißen Wasserbad schmelzen lassen.
2. Das Mehl durch ein Sieb dazugeben. Die Hefe und die Kartoffelstärke unterrühren.
3. Das Eiweiß zu festem Schnee aufschlagen und vorsichtig unter den Teig heben.
4. Eine Kuchenform von 24 cm Durchmesser mit Butter ausstreichen und den Teig hineingeben. In den 180°C heißen Ofen schieben und etwa 40 Minuten backen. Zur Garprobe mit einem kleinen Metallspieß in die Mitte des Kuchens stechen; bleibt kein Teig daran kleben, kann man den Schokoladenkuchen aus dem Ofen nehmen und abkühlen lassen.
5. Den Schokoladenkuchen mit einer Englischen Creme oder mit Schlagsahne servieren.

»Ich habe ein Café mit zwei Savoyern darin getrunken.« – »Aber das ist doch töricht, mein Freund! Ein Café, das ist ein Lokal, wo er serviert wird; und das, was man trinkt, ist eine Tasse Kaffee. Und wie haben Sie die zwei Savoyer hinuntergeschluckt?« – »In Kaffee getaucht. In Italien nennen wir diese Kekse *savoiardi.*«

Baicoli

Venezianischer »Zwieback«

180 g Mehl; 1 EL Butter; nicht sehr fruchtiges Olivenöl; 1 EL Zucker; Salz; 15 g Hefe; 1 Eiweiß; Wasser; 1 Spritzer Orangenblütenwasser

1. In einer Schüssel 2 Eßlöffel Mehl, die zerbröckelte Hefe und etwas lauwarmes Wasser zu einer kleinen, festen Teigkugel verkneten. Die Oberfläche kreuzweise einschneiden und den Teig mit einem Küchentuch bedeckt etwa 1 Stunde gehen lassen.
2. Das restliche Mehl auf die Arbeitsfläche häufen, in die Mitte die Teigkugel setzen und Butter, 1 Eßlöffel Öl, Zucker, eine Prise Salz, Orangenblütenwasser und Eiweiß zugeben. Alle Zutaten nochmals miteinander verkneten, bis der Teig glatt, weich und elastisch ist.
3. Den Teig in zwei gleich große Stücke teilen und zu ovalen Brotlaiben von 8 cm Durchmesser formen. Ein Backblech mit Backpapier auslegen und die beiden Brotlaibe in ausreichendem Abstand zueinander darauf plazieren. Mit einem Küchentuch bedecken und nochmals mindestens 1 Stunde gehen lassen.
4. Das Backblech in den 180°C heißen Ofen schieben und die Laibe 15 Minuten goldgelb backen. Die Brote aus dem Ofen nehmen und vollkommen auskühlen lassen. Jeweils in feine, 2 mm dünne Scheiben schneiden und im 180°C heißen Ofen goldgelb backen.

Die *baicoli* lassen sich längere Zeit in einer luftdichten Dose aufbewahren.

OBEN
Venezianischer »Zwieback«

Caramei

Karamelisierte Früchte

Je nach Saison und Geschmack können Sie folgende oder andere Früchte verwenden: große Weintrauben, Walnußkerne, Datteln, getrocknete Feigen, halbierte frische oder getrocknete Pfirsiche, getrocknete Aprikosen
Für den Karamel: 200 g Zucker; 1 EL Zitronensaft; Wasser

1. Die Früchte abspülen, mit Küchenpapier trockentupfen und, je nach Art und Größe, entweder ganz lassen oder in Stücke zerteilen. Die vorbereiteten Früchte auf kleine Holzspieße von etwa 15 cm Länge stecken.
2. In einem Messingkessel oder -topf den Zucker mit etwas Wasser aufsetzen und zu einem bernsteinfarbenen Sirup kochen. Mit einem Holzlöffel den Zitronensaft unterrühren. Der Karamel sollte eine dünnflüssige Konsistenz haben.
3. Den Messingkessel in eine große Schüssel mit heißem Wasser stellen, damit der Karamel nicht abkühlt und dadurch fest wird. Nach und nach die Fruchtspieße hineintauchen, auf einer eingeölten Marmorplatte oder auf einer mit Öl bestrichenen Porzellanplatte auslegen und abkühlen lassen.
   Die Fruchtspieße allein oder zusammen mit einem anderen Dessert servieren.

Castagnole

Kleine Krapfen

300 g Weizenmehl; 4 Eier; 5 EL Milch; 3 EL Zucker; Olivenöl; 20 g Hefe; 1 Prise Salz; 3 EL Vanillezucker

1. Die Hefe zerbröckeln und mit der Milch verrühren. In einer Schüssel das Mehl mit dem Zucker und dem Salz vermischen. 1 Eßlöffel Öl, die in der Milch aufgelöste Hefe sowie die Eier zugeben.
2. Alle Zutaten zu einem glatten und geschmeidigen Teig verkneten. Den Teig 2 Stunden an einem warmen Ort gehen lassen und vor Luftzug schützen.
3. Zum Ausbacken einen nicht zu großen Topf mit genügend Öl füllen und auf 180°C erhitzen. Mit einem Löffel kleine Teigkugeln ins heiße Öl gleiten lassen, die Krapfen mit zwei Gabeln wenden und goldbraun ausbacken. Mit einem Schaumlöffel herausnehmen.
4. Die Krapfen auf Küchenpapier abtropfen lassen, auf eine Platte geben und mit Vanillezucker bestreut auftragen.

Torta al grano saraceno

Buchweizenkuchen

Für eine Springform von 26 cm Durchmesser
Für 10 Personen: 250 g Butter; 250 g Zucker; 6 Eier; 250 g Buchweizenmehl; 250 g gemahlene Mandeln; 1 Päckchen Vanillezucker (25 g); 2 EL Weizenmehl; Puderzucker; 1 EL Blaubeerkonfitüre

1. Zwei Schüsseln bereitstellen. In eine Schüssel das Eigelb geben, in die andere das Eiweiß. Zum Eigelb die Butter und 150 g Zucker geben und mit dem elektrischen Handrührgerät zu einer hellgelben, schaumigen Masse aufschlagen.
2. Die gemahlenen Mandeln, das Buchweizenmehl und den Vanillezucker zugeben und zu einem glatten Teig verrühren.
3. Das Eiweiß mit dem elektrischen Handrührgerät aufschlagen. Nach einigen Minuten unter ständigem Rühren den restlichen Zucker einrieseln lassen und zu steifem Eischnee aufschlagen. Den Eischnee vorsichtig unter den Teig heben. Den Boden der Form mit einem Stück Backpapier oder eingebuttertem Pergamentpapier belegen und die Ränder der Form großzügig mit Butter bestreichen.
4. Das Innere der Form mit Weizenmehl bestäuben. Die Form wenden, um überschüssiges Mehl zu entfernen.
5. Den Teig in die Form gießen und die Oberfläche mit einem langen Messer glattstreichen.
6. Die Form in den 180°C heißen Ofen schieben und den Kuchen etwa 1 Stunde backen. Zur Garprobe mit einem kleinen Metallspieß in die Mitte des Kuchens stechen; bleibt kein Teig daran kleben, kann man ihn aus dem Ofen nehmen.
7. Den Kuchen herausnehmen und abkühlen lassen. Den Buchweizenkuchen mit einem langen, scharfen Messer horizontal halbieren.

8. Die beiden Hälften mit der Blaubeerkonfitüre bestreichen, wieder aufeinanderlegen und den Kuchen mit Puderzucker bestäuben.

Man kann ¼ Liter Sahne mit einem 1 Eßlöffel Puderzucker steif schlagen und zu diesem Buchweizenkuchen servieren.

Torta di carote

Mohrrübentorte

250 g Zucker; 7 Eier; 300 g geriebene Mohrrüben; 300 g gemahlene Mandeln; Schale von 1 Zitrone; 1 TL gemahlener Zimt; 3 EL Rum; Semmelbrösel; 2 EL Aprikosenkonfitüre

Für die Glasur: 150 g Puderzucker; 2 EL Rum

1. Das Eigelb in eine Schüssel geben und mit 200 Gramm Zucker mit einem elektrischen Handrührgerät schaumig rühren. Die geriebenen Mohrrüben, gemahlenen Mandeln, geriebene Zitronenschale, den Zimt und den Rum unterrühren.
2. Das Eiweiß zu festem Schnee aufschlagen. Unter ständigem Rühren den restlichen Zucker einrieseln lassen. Den Eischnee vorsichtig unter den Teig heben.
3. Eine Springform von 26 cm Durchmesser mit Butter ausstreichen und mit Semmelbröseln bestäuben. Die Form wenden, um die überschüssigen Semmelbrösel zu entfernen. Den Teig in die Form geben, die Oberfläche glattstreichen und im 180°C heißen Ofen 45 Minuten backen. Zur Garprobe mit einem kleinen Metallspieß in die Mitte des Kuchens stechen; bleibt kein Teig daran kleben, kann man ihn aus dem Ofen nehmen und etwas abkühlen lassen.
4. In einem kleinen Topf die Aprikosenkonfitüre mit etwas Wasser erhitzen und den Mohrrübenkuchen damit bestreichen.
5. Für die Glasur den Puderzucker mit dem Rum in einem kleinen Topf bei schwacher Hitze verrühren. Mit Hilfe eines Pinsels die Oberfläche des Kuchens gleichmäßig mit der Glasur überziehen und mit einem Spatel glattstreichen.

OBEN
Mohrrübentorte

»Die sinnlichen Genüsse zu kultivieren bildete die Hauptbeschäftigung meines ganzen Lebens; niemals hat es für mich etwas Wichtigeres gegeben.«

Verzeichnis der Rezepte

ANTIPASTI – VORSPEISEN

PRIMI PIATTI – NUDELN, GNOCCHI, RISOTTI UND SUPPEN

FLEISCH – CARNI

PESCI E CROSTACEI – FISCH UND SCHALTIERE

VERDURE – GEMÜSE

PASTICCERIA – DESSERTS

Bildnachweis

S. 6: *Der letzte Karnevalstag*, Gabriele Bella. Galerie Querini Stampalia, Venedig. © Osvaldo Böhm

S. 9: *Casanova*, 1725 – 1798, Alessandoro Longhi, 1774, Geschenk des Künstlers an Graf Gritti. Privatsammlung.

S. 12: *Der Canal Grande*, Michele Marieschi. Potsdam, Sanssouci, © Osvaldo Böhm

S. 26: *Das Kartenspiel*, Longhi Segnace. Ca' Rezzonico. © Osvaldo Böhm

S. 30: *Ridotto*, Francesco Guardi. Ca' Rezzonico. © Osvaldo Böhm

S. 33: *Das kleine Konzert*, Pietro Longhi. Ca' Goldoni, Mailand, Brera. © Osvaldo Böhm

S. 36: *Das Theater von San Samuele*, Kupferstich. © Osvaldo Böhm

S. 39: *Das Fest vom 2. Februar in Santa Maria Formosa*, Gabriele Bella. Galerie Querini Stampalia, Venedig.

S. 46: *Das Austernmahl*, Jean-François de Troy. Musée Condé, Chantilly. © Giraudon-Lauros

S. 48: *Ridotto*, Longhi Segnace, Ca' Rezzonico. © Osvaldo Böhm

S. 54: *Abbé de Bernis*, Château de Versailles. © Giraudon-Lauros

S. 58: *Giudizio di rei nella sala della Quarantia Criminale.* Galerie Querini, Venedig. © Luisa Ricciarini, Mailand

S. 62: Speisekarte eines Soupers für den König und Madame Pompadour im Schloß Choisy. © Sammlung Viollet

S. 65: *Der Alchimist*, Pietro Longhi. Ca' Rezzonico. © Osvaldo Böhm

S. 68: *Das Lottospiel*, Jean Grevendroch. Musée Correr. © Osvaldo Böhm

S. 69: Die ehemalige Seidenstoffmanufaktur von Jouy. © Sammlung Viollet

S. 75: *Die Ankunft der Postkutsche*, Dupless-Bertaux. © Sammlung Viollet

S. 84: *Mittagsmahl in Sanssouci*, Adolf Menzel. Gemäldegalerie, Berlin. © Artephot/Visual Arts Library

S. 93: *Der Besucherraum des Klosters*, Francesco Guardi. Ca' Rezzonico. © Osvaldo Böhm

S. 94: *Die Morgenschokolade*, Pietro Longhi. Ca' Rezzonico. © Osvaldo Böhm

S. 98: *Der Abschied*, Morau le Jeune. © Photothek Hachette

S. 104: *Bistroszene*, Giandomenico Tiepolo. © Osvaldo Böhm

S. 106: *Die Themse am Festtag des Oberbürgermeisters*, Antonio Canal genannt Canaletto. Schloß Nelahozeves, Sammlung Roudnice Lobkowicz. © Giraudon

S. 109: *Spaziergang*, Giandomenico Tiepolo. Ca' Rezzonico. © Osvaldo Böhm

S. 110: *Die alte Brücke über den Po*, Bellotto Bastardo genannt Canaletto der Jüngere. Galerie Sabanda, Turin. © Alinari/Giraudon

S. 115: *Das Mittagsmahl unter Freunden*, anonym. Ca' Goldoni. © Osvaldo Böhm

S. 116: Selbstbildnis von Anton Raphaël Mengs. Museum Lazaro Galdiano, Madrid. © Giraudon

S. 119: *Giacomo Casanova.* © Sammlung Viollet

S. 124: *Die Accademia Rio Mendicanti*, Bernardo Bellotto. © Osvaldo Böhm

S. 131: *Jagd in der Lagune*, Pietro Longhi. Galerie Querini, Pulizia Fucili, La caccia. © Osvaldo Böhm

S. 140: Faksimile von Casanovas Handschrift, © SOA Prag, Fonds Casanova U 16k/63

S. 143: *Frühstück im Park*, Nicolas Lancret. Musée des Beaux Arts, Caen. © Giraudon

Bibliographie

Von Giacomo Casanova

Geschichte meines Lebens. Hg. Von Erich Loos, erstmals nach der Urfassung ins Deutsche übersetzt von Heinz von Sauter, 12 Bände, Propyläen: Berlin, 1964

Über Casanova

Bartolini, Elio: *Le crépuscule de Casanova.* Éditions Desjonquères: Paris, 1995

Didier, Jean-Vincent: *Casanova: la contagion du plaisir.* Odile Jacob: Paris, 1990

Ribadeau-Dumas, François: *Casanova.* Intercontinentale du Livre: Paris, 1963

Rival, Ned: *Casanova: la vie à plaisir,* Plon: Paris, 1977

Watslawick, Helmut: *L'intermédiaire des casanovistes*

Zeitgenossen von Casanova

Da Ponte, Lorenzo: *Mémoires.* Editions d'aujourd'hui: Paris, 1983

Goldoni, Carlo: *Mémoires.* Mercure de France: Paris, 1988

Offray de La Mettrie, Julien: *L'art de jouir.* Mille et une nuits: Paris, 1996

Über Venedig

Zorzi, Alvise: *Venise, une cité, une république, un empire.* La Martinière: Paris, 1993

Ders.: *La République du Lion.* Perrin: Paris, 1993

Ders:: *Le Grand Canal.* Perrin: Paris, 1994

Europa im 18. Jahrhundert

Lacordaire, Simon: *Les sources et fontaines de Paris.* Fayard: Paris, 1979

Perrault, Gilles: *Le secret du Roi.* Fayard: Paris 1996

Philippe, Robert: *La France des Lumières.* Denoël: Paris, 1970

Pomeau, René: *L'Europe des Lumières.* Stock: Paris, 1991

Geschichte der Gastronomie und der Lebenskunst

Alberini, Massimo: *Storia del pranzo all' italiana,* Rizzoli Editore: Mailand, 1966

Ders.: *Antica cucina veneziana.* Edizioni Piemme: Casale Monferrato, 1990

Artusi, Pellegrino: *La scienza in cucina e l'arte di mangiare bene.* Einleitung von Piero Camporesi, Giulio Einaudi Editore: Turin, 1970

Bergese, Nino: *Mangiare da re.* Feltrinelli: Mailand, 1969

Boni, Ada: *Il talismano della felicità.* Carlo Colombo: Rom, 1957

Brécourt-Villars, Claudine: *Mots de table, mots de bouche.* Stock: Paris, 1996

Brunetti, Gino (Hg.): *L'arte di ben cucinare et istruire i men periti in questa lodevole professione.* Urfassung von Bartolomeo Stefani von 1662–1671. Nachdruck, Carlo d'Arco: Verona, 1963

Carnacina, Luigi und Vincenzo Buonassisi: *Il libro della polenta.* Giunti Martello: Florenz, 1984

Casanova, Giacomo: *L'Histoire de ma vie.* Herausgegeben und bearbeitet von Fancis Lacassin, Collection ›Bouquins‹, Robert Laffont: Nov. 1993

Cavalcanti, Ippolito Duca di Buonvicino: *Cucina teorico practica.* Bibliophile Sammlung. Anastatischer Druck der Ausgabe von De Gemelli, 1847, Tommaso Marotta: Neapel, 1986

Cipriani, Arrigo: *Il mio Harry's Bar. Le ricette e la leggenda.* Sperling & Kupfer: Turin: 1991

Clauzel, Jean: *Venise exquise,* Robert Laffont: Paris, 1990

Connaissance des Arts »Les tables royales«. Ausstellung in Versailles 1994.

Contre Marco Polo: une histoire comparée des pâtes alimentaires. Sammelband, Médiévales Nr. 16-17, PUV, Édition Saint-Denis: 1989

Eramo, Cia: *La cucina mantovana.* Franco Muzio: Padua, 1987

Ferniot, Jean: *L'Europe à table.* Édition du Mécène: Paris, 1993

Flandrin, Jean-Louis und Massimo Montanari: *L'Histoire de l'alimentation.* Fayard: Paris, 1996

Francesconi, Jeanne Carola: *La cucina napoletana,* Fausto Fiorentini: Neapel, 1965

Galluzzi Iori, Ianotta: *La cucina ferrarese.* Franco Muzio: Padua, 1987

Genlis, Madame de: *De l'esprit des étiquettes de l'ancienne cour et des usages du monde de ce temps.* Mercure de France, 1996

Ghirardini, Gianni (Hg.): *Cento antiche ricette di cucina veneziana.* Alfieri: Venedig, 1970

Guarnaschelli Gotti, Marco (Hg.): *Grande enciclopedia illustrata della gastronomia.* Auswahl von Reader's Digest S.p.A.: Mailand, 1990

Lemery, Louis: *Traité des aliments,* 1705

Mennel, Stephen: *Français et Anglais à table du Moyen Âge à nos jours.* Flammarion: Paris: 1987

Montanari, Massimo: *Nuovo convivio. Storia e cultura dei piaceri della tavola nell'età moderna.* Laterza: Bari, 1991

Neirinck, E. und J.-P. Poulain: *Histoire de la cuisine et des cuisiniers.* Édition Jaques Lanore: Paris, 1995

Rowley, Anthony: *La fête gastronomique.* Gallimard: Paris, 1994

Salvatori de Zuliani, Mariù: *A tavola con i nostri veci – La cucina veneziana.* Franco Angeli: Mailand, 1981

Sandri, Amedeo: *La polenta nella cucina veneta.* Franco Muzio: Padua, 1980

Vigliardi Paravia, Leda: *Je mange et j'aime ça. Les 100 meilleures recettes du terroir italien.* Assouline: Paris, 1994

Wheaton, Barbara: *L'office de la bouche.* Calmann-Lévy: Paris, 1983

Zorzi, Alvise: *La table des doges.* Universal: Paris, 1995

Verschiedenes

Naudon, P.: *Histoire générale de la franc-maçonnerie.* Office du Livre: Paris, 1981

Paris, Venise, Naples et Pompéi, Saint-Pétersbourg. Reiseführer: Guides Gallimard.

Danksagung

Mein herzlicher Dank geht an all jene, die mir, jeder in seinem ganz eigenen Bereich, Unterstützung gewährt haben: Sylvie Raulet, Eric Salmon, Rosa Naudin, Claire de Lavallée und M.M.

Jean-Bernard Naudin

Es ist mir ein Anliegen, Gabriella Barbini-Codognato und Attilio Codognato meinen innigen Dank auszusprechen für ihren herzlichen Empfang in Venedig sowie Ramani und Sunil für ihre Hilfe, ebenfalls Arrigo Cipriano von Harry's Bar und Rosana Jaja und, nicht zuletzt, Gianni Donaggio und Gino Gomirato für die Köstlichkeit ihrer Produkte.

Leda Vigliardi Paravia

Ohne die Unterstützung von Toto Bergamo Rossi, Bildhauer und Verfasser eines Führers von Venedig, der uns mit Enthusiasmus beistand, hätten wir das vorliegende Buch nicht realisieren können. Hierfür sei Elisabeth Rubin de Cervin ebenfalls Dank gesagt. Mein Dank geht auch an Giulio Malgara, Giulia und Guido Venturini, Oscar Ganzina, Nicola Sartori, Domenico Gerolimetto und Luigi Fasoli. Wertvolle Ratschläge gaben mir Donata Papafava, Manuela Notarbartola di Sciara, Laudomia Piccolomini, Ileana Chiappini, Lucia Zavagli, Maria Grazia, Benedetta Gaggia und Maurizio Sammartini. Brando und Cristiana Brandolini d'Adda, Marie Brandolini d'Adda, Alessandro und Anna Barnabò, Gloria und Angelica Bastini, Lorenzo Rubin de Cervin Albrizzi sowie die Wassergesellschaft von Venedig (Palazzo Contarini di S.Beneto) haben uns freundlicherweise ihre Gärten und Paläste zugänglich gemacht. Ihnen sei dafür herzlich gedankt. Unsere Dankbarkeit gilt auch den Sammlern und Galeristen, die uns ihr Vertrauen erwiesen haben: Mario Bevilacqua und seiner Manufaktur für traditionelle Seidenstoffe, Ketty und Alberto Anfodillo »Galerie Troïs«, Vania und Ludovico Barettoni, die mit großem Engagement die Tradition der »Ceramiche di Nove« fortführen, Franco Bosa, Antichità Bassano, Franco Pezzato, dessen alte Kostüme phantastisch sind, und Attilia Dorigato, Konservator des Glasmuseums in Murano. Ich danke auch den Pariser Galerien und Antiquitätenhändlern, die mir ihre Kunstgegenstände anvertraut haben: Véronique Girard, Juwelier; Claudine Guerin, »Cabinet de Curiosités«; Marie-Noël Soudre, »Aux Fils du Temps«; Philippe Lacarrière, »Galerie Thenadey«; Sylvain Levy-Alban, Camoglio Antiquités, Stoffe aus dem 18. und 19. Jahrhundert; Nicolas Sergeeff Antiquités; Éric Dubois; Arts domestiques anciens; »Les Étains du Campanile«; Yveline Antiquités; Lydia Courteille, alter Schmuck; Stéphane Baquet, Antiquitätenhändler; Michel Gueneau; Serge Gustave Sender, Mitglied der Académie culinaire von Frankreich; Tissus Rubelli und Jean-François Lesage. Schließlich noch ein besonderes Dankeschön an E.S. für den Beistand während der gesamten Realisation des Projektes.

Lydia Fasoli

Titel der französischen Originalausgabe:
Casanova. Un Vénitien Gourmand
Aus dem Französischen übertragen von Antoinette Gittinger, Susanne Farin
und Wolfgang Glaser (Rezepte)
Redaktion: Rita Seuß

Die Originalausgabe erschien im Verlag Éditions du Chêne/Hachette Livre, Paris

Fotos und Projektleitung: Jean-Bernard Naudin – Text: Catherine Toesca – Rezepte: Leda Vigliardi Paravia
Buchgestaltung: Lydia Fasoli
Schutzumschlaggestaltung der deutschen Ausgabe: Christian Diener
Umschlagfotos: Jean-Bernard Naudin
Redaktionsleitung: Colette Véron
Künstlerische Leitung: Sabine Büchsenschütz
Lithographie: Offset Publicité, Maisons-Alfort
Satz: KortSatz GmbH, München
Druck und Bindung: Canale, Turin
Printed in Italy

ISBN 3-453-13770-1